*Aventures radio*

# Aventures radio

La liberté de la bande FM

Didier ROQUECAVE

© 2017, Didier Roquecave.

BoD – Books on Demand
12/14 rond point des Champs Elysées 75008 Paris
Imprime par Books on Demand Gmbh, Nordestedt, Allemagne

ISBN : 978-2-322-13736-7

Dépôt légal : Janvier 2017

Dédié à ma femme et tous ceux
qui m'ont aidé dans cette aventure
avec un merci particulier
à Jean Claude

Ces pages retracent, sur des faits réels, mon épopée radio pirate, radio libre, radio locale privée, et pour finir radio professionnelle.

# Première partie

# Radio pirate

L'aventure débute au mois d'Avril 1981 avec la rencontre de Jean Charles, sur mon lieu de travail.

Passionné d'aventures audiovisuelles, et à l'époque de cinéma, Jean Charles réalisait de petits films d'animation fantastiques. J'appréciais la qualité de son travail et surtout la foi qui l'animait à réaliser tout cela.

Réalisés en super 8, j'ai eu l'occasion de visionner plusieurs de ses réalisations sur la guerre des étoiles avec tous les trucages voulus. Du beau travail qui le passionne d'ailleurs encore.

La camaraderie étant née entre nous, il me fit part de ses projets sur la communication : radio, télévision etc.....A la mi Septembre 1981, alors que les radios pirates en étaient à leurs balbutiements, Jean Charles me raconte son idée de création de Bordeaux Star.

Avec la collaboration de Pierre et de François l'association 1901 qui allait régir tout le reste fut montée. Les trois personnes minimum étaient là : le président, le secrétaire et le trésorier.

Mise de fond initiale : 1000 francs et les voila partis pour l'aventure.

Les studios seraient le garage attenant à la maison de la mère de Jean Charles. Ce local se composait d'une grande pièce de 6m sur 5, d'une petite salle de bain, deux pièces de 3 m sur 3 et tout l'entassement d'une vie se faisait là dedans.

Pas question de dépenser beaucoup d'argent, c'était le moyen qui manquait le plus.

Pour cette expérience passagère la première pièce serait la seule à être aménagée. Le bricolage serait de rigueur.

Jean Charles et quelques amis construisirent les cloisons, les étagères, le plan de travail etc...

La cloison comprenait un vitrage permettant la vision d'une pièce dans l'autre. C'était presque comme des pros, enfin de très loin. La porte d'entrée de la station donnait dans le studio qui avait pour seul mobilier une table de cuisine.

L'accession a la régie se faisait directement, sans aucune séparation insonorisante.

L'ingéniosité était de rigueur dans cette pièce. Le micro était pose sur un tube venant d'un lit de récupération, la platine de gauche et le magnétophone à cassette appartenait à Jean Charles et la platine de droite appartenait à François. Seule la petite table de mixage Power, avait été achetée. Table amusante car elle ne permettait l'utilisation que d'un seul micro, de deux platines et d'une entrée auxiliaire.

L'imagination faisait que pour utiliser plusieurs micros, l'entrée prévue à cet effet était branchée sur une chambre d'écho qui elle, avait plusieurs entrées.

Miracle du branchement en série, puisque, alternativement, nous pouvions brancher des micros ou des téléphones !!

L'achat de l'émetteur mono, l'antenne, les câbles étaient réglés par les 3000 francs du pot commun.

Tout ceci était fourni par un ancien radio amateur, transformé en marchand d'électronique pour radio libre. L'antenne était des plus folkloriques, car elle ressemblait plus à un râteau de jardinier qu'à une chose allant émettre des ondes hertziennes.

Restait pour terminer, l'installation, de tout cela sur le toit de la maison de Jean Charles, et comme un de ses amis était entrepreneur, il se mit à l'échelle et au haubanage (hauteur approximative depuis le sol : 12m).

Tout était prêt pour la première émission avec pour seuls animateurs Jean Charles, Pierre et François.

Jean Charles, garçon plein d'initiatives et d'idées avait une qualité qui allait vite devenir un très gros défaut pour lui : la gentillesse. Ne sachant jamais dire non, il allait vite se rendre compte que l'on se servait souvent de lui et parfois à ses dépens.

Pierre quand à lui, était un jeune homme très indécis. Il lui fallait parfois énormément de temps pour prendre une décision, mais lorsqu'elle était mûrie il savait être têtu le bougre. Il était plein de bonne volonté mais avait malheureusement une santé quelque peu fragile.

François est un personnage. Plein d'intelligence, d'à propos, de répartie, d'histoires drôles et simples, enfin sachant parler devant un micro et sachant dialoguer avec les auditeurs, bref, l'animateur idéal. Malheureusement coté cœur et coté psychologique il était un peu fragile (en apparence) et surtout très volage.

Voici donc mes trois amis prêts à faire leurs balbutiements dans la radio ou comme l'on disait entre nous : « causer dans le poste ».

L'ouverture de l'antenne s'est faite à la mi Septembre 1981 avec comme seuls animateurs Jean Charles, François et Pierre.

En fonction de leur travail Pierre et Jean Charles assuraient la permanence entre 07h et 24h. Le reste du temps était assure par François, a qui il pouvait arriver de tenir 8 h d'antenne car pour lui le chômage ne l'inquiétait pas. Ses problèmes de présence étaient en partie réglés par le couchage sur place dans une des pièces de derrière. Il assurait fréquemment la fin de soirée et le début de matinée.

Travail difficile et long. Seule, la foi et la croyance dans ce nouveau hobbie leur permettaient de tenir, sans compter les heures après minuit pour inlassablement faire et refaire les jingles.

Une semaine après leur début, ma passion pour ce media débuta par la visite de ces modestes « studios ».

C'est en parlant de leurs soucis pour régler des problèmes extérieurs qu'ils me proposèrent de les aider, car comme on s'en doute ils n'avaient pas le temps de s'en occuper.

L'aventure débuta avec le titre ronflant de « relations publiques » d'une radio pirate.
Je n'allais plus quitter ce milieu jusqu'en 2000.

Mon appartenance au monde associatif et sportif m'ont grandement facilite la tache. Des fonctions de président ou trésorier ou secrétaire m'ont permis d'approcher bon nombre de personnes qui comptent et comme j'adore la communication et le dialogue cela allait me servir.

Les « studios » étant relativement mal situés, puisque dans une toute petite rue, il fallait une adresse postale pour pouvoir être présent. Ce fut ma première démarche et mes premiers heurts avec l'administration.

Les PTT, institution vénérable, demandait un dossier complet pour l'ouverture d'une boite postale, et même plus pour une radio dite « pirate ». Que de problèmes pour réunir tous les documents souhaités. A force de démarches et de palabres une adresse postale a été ouverte au nom de Bordeaux Star. Ce fut un petit événement pour la station car c'était le début de la reconnaissance de cette radio.

Le fait d'avoir quelques connaissances m'a permis de faire créer des affiches, un logo personnalisé, du papier à en tête et enfin des autos -collants avec la fréquence.

Ces adhésifs ont été mon premier contrat payant, mais je dois avouer que la société avec qui nous avons travaillé, nous a facilité la tache en ne nous demandant pas des prix prohibitifs .Cette expérience de radio les amusait et ils nous ont fait plus plaisir que du commerce (à cette époque l'échange marchandise ne fonctionnait pas encore).

La radio commençait à se faire connaître et il a fallu étoffer un peu les programmes qui n'étaient jusqu'ici essentiellement musicaux.

J'ai pris la responsabilité d'une rubrique sport les lundis et vendredis et connaissant bien le milieu il était facile de traiter ce sujet.

La gourmandise venant en mangeant, il m'a fallu m'intéresser de plus prés au club de football professionnel phare des Girondins de Bordeaux. J'avoue ignorer tout de ce monde là, à l'époque.

Un ami garagiste m'a permis de rentrer en contact avec le président du club des supporters (il n'en existait qu'un à l'époque).Personne fort sympathique, et qui ne demandait qu'à parler de son club et de son association. Une entente sur des jeux, avec citation de son association, contre des cadeaux du club et j'ai ainsi pu mettre un pied dans le prestigieux club.

Suite à nos bonnes relations j'ai eu la joie d'être présenté à tous les joueurs de cette équipe, qui à ce moment la, n'étaient pas encore les stars de l'actualité qu'elles sont devenues : Mrs Giresse, Lacombe, Couecou, Rohr, Trésor etc....

Il était évident que, muni des numéros de téléphone personnels de ces joueurs, mon émission allait avoir une autre audience. Les directs étaient fréquents mais uniquement par téléphone pour cause .....de studio.

Mon action « journaliste sportif » devait continuer pendant toutes mes années de radio.

Du coté des relations publiques, ma première organisation devait être une soirée dansante. Le problème de la sonorisation était vite réglé avec un disco mobil de mes amis qui nous a prêté son matériel gratuitement moyennant l'annonce de ses soirées sur les ondes.

La salle fut plus difficile à obtenir .Du cote municipal le phénomène radio était encore récent et surtout considéré comme pirate, d'où la fermeture des portes de ce coté la.

Tout ceci n'était que la version officielle car après la rencontre du président de l'association de quartier, il accepta lui aussi moyennant l'annonce de leurs manifestations, la municipalité fermant les yeux pour cette fois.

Une soirée n'est intéressante que si elle est bien animée .Coté animateur, le problème ne se posait pas, ceux de la radio feraient l'affaire, mais qui dit animation dit cadeaux.

Je me mis en quête auprès des commerçants de la ville Chaque jour m'apportait son lot de satisfaction. Des pellicules de film, des objets publicitaires de toutes sortes, des bouteilles de vins etc.....

Pour l'animation cela allait mais il fallait quelque chose de plus important et un magasin d'électroménager me donna des chaînes Hi-Fi et des télévisions.

Munis de ces cadeaux nous voila partis à l'assaut de la publicité à faire. Par le biais de l'antenne rien de plus facile un matraquage en règle servait de bande annonce.

Il fallait sortir de la sphère de notre radio. Un ami dessinateur nous a fait une maquette d'affiche, et comme nous n'avions pas les moyens de les faire imprimer, la reproduction se fit par de simples photocopies.

La distribution se fit essentiellement sur notre lieu de travail et chez les commerçants du quartier élargis. Tout était en place, restait l'attente.

La vente des billets à la station ne marchait pas fort et le moral de Jean Charles n'était pas au beau fixe.

Au jour J à l'heure H la surprise allait être de taille.

L'animation était assurée par Jean Charles et Pierre, l'encaissement et l'entrée par mes soins avec quelques camarades qui m'aidaient à l'organisation. L'ouverture eut lieu à 21h. Vers 21h30 le rush commençait pour ne plus s'arrêter. J'empochais billets sur billets et je me transformais en tire lire ambulante. Il en venait de partout : de Bordeaux et de toute la banlieue, c'était extraordinaire. Dehors des colonnes de gens se dirigeaient vers la salle et se précipitaient à l'intérieur. La surprise fut grande car vers 23h nous en étions à 1200 personnes soit la capacité maximale de la salle dépassée.

A partir de ce moment là il était difficile d'assurer la sécurité et j'ai pris la décision de fermer l'accès au grand regret des nombreuses personnes qui s'agglutinaient dehors (300 à 400 vers minuit).

Le succès fut complet et à la présentation de la radio, nous avons compris que nous étions écoutés et même surpris par la fidélité des auditeurs.

Ceux qui nous écoutaient, pouvaient mettre un visage sur une voix et cela les enchantaient. Ils connaissaient tout de nous, de nos émissions, de nos invités, de nos retards, bref la notoriété.

Je vais être méchant avec ces auditeurs mais je peux dire qu'ils ont poussé la « bêtise » jusqu' à nous demander des autographes.

La soirée se termina fort tard dans la nuit devant une soupe à l'oignon avec un bilan de presque 30 000 Francs encaissés.

Le succès était bien présent. Il fit plus de mal que de bien à la plupart des membres de l'équipe.

Ayant les pieds sur terre, je pense avoir été le moins touché et bien conscient de ce qui nous arrivait. La plupart se voyait déjà dans une grande radio et RTL ou Europe 1 n'avaient qu'à bien se tenir. Chacun se trouvant bien sûr très bon et faisait son auto satisfecit. Les rapports entre animateurs devenaient de plus en plus difficiles. Les têtes avaient tellement enflées que le passage de la porte du studio était impossible pour certains.

Mes rapports avec Jean Charles et Pierre étaient toujours aussi cordiaux et conscients du phénomène ils m'ont chargé de « dégonfler » ces ballons qui commençaient à s'envoler .Cette mission n'était pas facile car tout le monde il est beau mais pas forcement gentil.

Mes rapports avec les animateurs devinrent soit sympathiques pour les plus intelligents, soit détestables pour les c.., les uns comprenant, les autres pensant que j'étais dans le faux et persistaient à penser qu'ils étaient le centre du monde.

Ces derniers allaient provoquer mon départ quelques mois plus tard.

L'argent de cette soirée allait nous permettre d'agrandir nos studios et de nous installer un peu plus confortablement .Jean Charles et moi faisions tout le travail de bricolage. Un mois après cette soirée, une régie flambant neuve et un nouveau studio voyaient le jour dans les pièces à l'arrière de la maison.

Le matériel était neuf encastré dans un plan de travail, le sol, les murs étaient moquettés, les plafonds insonorisés. Cela devenait les plus beaux locaux d'aucune radio libre de Bordeaux.

Ma deuxième démarche dans les relations publiques s'annonçait plus difficile. La notoriété venant, l'appétit venant en mangeant, il fallait trouver un support pouvant nous aider à véhiculer notre radio.

Mon idée était simple : les jeunes écoutent la radio, la radio c'est la musique et la musique jusqu'à présent c'est le night club....CQFD.

Une grande discothèque, si n'est la plus grande de Bordeaux se trouvait à quelques encablures de nos studios. Rendez vous était pris avec le directeur.

Je m'attendais à tout sauf à l'accueil qui m'a été proposé. Le courant fonctionna très vite et le coté commercial pris rapidement le dessus. Un accord d'une soirée Bordeaux Star par mois fut conclu et tout alla très vite.

La publicité par affichage devenait la première des priorités. L'impression de ces affiches fut gracieusement offerte par la direction du night club de même que pour les cartes d'entrées spéciales soirées Bordeaux Star.

J'étais émerveillé par un tel accord et le recul tend à prouver que nous étions dans le bon sens et la radio locale devenait un support et un media.

En contrepartie de ses offres, le directeur de l'établissement demandait l'annonce de ses soirées et offrait des entrées aux auditeurs.

Pour sa première soirée de la radio dans cette discothèque, il fallait qu'elle soit belle car elle avait lieu un vendredi soir .J'ai obtenu des cadeaux intéressants : des bouteilles (à ne plus savoir qu'en faire) des vêtements, des disques, des bijoux et un voyage aux Baléares.

Le succès était encore au rendez vous et la foule des grands soirs se pressait à l'entrée de la discothèque .Le bénéfice était moins important (de l'ordre de 8000 francs) mais la publicité était faite et assurée.

Les éternels problèmes de vedettariat se présentaient de nouveau et un simple rappel à l'ordre a suffit chez tout le monde sauf pour un.

Un sinistre imbécile se sachant couvert par Jean Charles (car faisant parti de sa famille) n'a rien voulu entendre. Cela se termina par un magnifique coup de poing sur ma personne .Je n'avais que le verbe pour me défendre et lui la force d'un abruti.

Les différents avec cet individu étaient fréquents et à la suite de cette « entrevue » ma décision était prise : c'était lui ou moi.

Tout le monde espérait que le temps allait me faire changer d'avis et comme on dit le temps arrange beaucoup de chose mais pas avec un entêté comme moi.

Cette mauvaise ambiance, mes rapports avec le monde associatif et sportif, tout cela devait continuer et pour cela une seule solution : la concurrence.

La notoriété de la radio s'affirmait de jour en jour et les pseudos « sondages » donnaient tous en tête Bordeaux Star ou Studio 2000 dans un ordre différent selon l'enquête mais toujours présentées comme étant les plus écoutées.

Cette notoriété amenait la jalousie de nos confrères .Elle se voyait régulièrement tous les mois aux réunions avec les autres radios de Bordeaux. Invariablement les deux stations étaient mises à l'index par jalousie du succès.

Ces rencontres m'ont permis de connaitre Pascal, directeur de Studio 2000. Notre camaraderie se forgea au fil des réunions car nous étions toujours aux bancs des accusés et cela rapproche.

Pas de difficulté pour moi de partir de Bordeaux Star car Pascal m'avait maintes et maintes fois  proposé de travailler avec lui .L'amitié avait prévalu jusqu'à alors.

Apres la bagarre avec cet imbécile, et comme aucune décision ne venait, ma décision de partir pour Studio 2000 fut prise J'attendais quand même la prochaine réunion générale pour m'exprimer sur le sujet et annoncer mon départ.

J'entrais dans ma période Studio 2000.

Ce passage devait être pour moi une nouvelle expérience enrichissante. Mon rôle dans l'organigramme de Studio 2000 était simple : adjoint au directeur et chargé des relations publiques.

Ma première action fut de créer un livret sur la station .Toutes les radios locales émettaient dans l'anarchie des programmes et l'auditeur lui, il ne s'y retrouvait pas. Ce livret comprendrait donc la grille des programmes, les photos des animateurs, bref tout l'envers de la radio et tout ce que les auditeurs recherchent.

L'idée étant lancée, la réalisation fut un peu plus complexe .L'opuscule aurait six pages recto verso. Il fallait que le coût de l'imprimerie plus le bénéfice recherché soient couverts par des publicités, et ces mêmes publicités devaient être d'un coût peu onéreux pour l'annonceur

Ma moisson de clients s'avéra plus facile que prévu et à ma surprise les emplacements étaient vendus en une dizaine de jours .J'étais quand même un peu étonné et émerveillé, quand on sait que la dernière page était vendu 3000 francs. L'opération était rentable et permettait de dégager un bénéfice de près de 5000 francs pour la radio. Les annonceurs étaient ravis pour un tirage de 5000 exemplaires car le support Studio 2000 avait une valeur sur le marché.

La réalisation de ce livret m'a permis : de prendre contact avec le milieu de la publicité et avec tous les problèmes inhérents à cette branche ; j'ai aussi appris les problèmes de l'imprimerie et ses contraintes.

Fort de ce succès et fort de mes réalisations de soirées avec Bordeaux Star, il m'a été demande d'organiser des soirées dans le night club conçurent. Le directeur de cette discothèque (un très grand professionnel) avait fait un calcul simple : étant fermé les lundis soirs, il mettait son établissement à notre disposition moyennant une participation de 500 francs par soirée, l'argent du bar entrant dans sa caisse et celui des entrées dans celle de la radio.

Dans le coût de « location » il y avait le fameux gorille qui filtre l'entrée, les frais fixes divers et surtout la mise à disposition de la sonorisation avec nos DJ.

En règles générales des cartes d'invitation étaient imprimées plusieurs jours à l'avance, et la vente réalisée soit à la station soit à l'entrée de la soirée. L'imprimeur étant celui de la discothèque, avec des prix plus que compétitifs.

En ce qui concerne l'organisation proprement dite, toutes les soirées se faisaient sous la même forme. Quelques jours avant, une réunion générale des animateurs devait régler tous les problèmes .A tour de rôle les animateurs s'occuperaient de tenir le vestiaire, de faire l'entrée, de faire l'espion dans la salle. Seul deux secteurs revenaient généralement aux mêmes personnes : la musique car l'image de marque de la radio en dépendait et le tenue de la caisse pour les raisons que l'on peut imaginer. J'intervenais sur la partie financière des choses et mon honnêteté allait par la suite me permettre de prendre la porte.

Il n'est pas question de raconter la dizaine de soirées que j'ai organisées en 6 mois de temps. Il y eut des thèmes très variés : du buffet campagnard, à la soirée coiffure en passant par l'anniversaire de la station. Deux seulement restèrent pour moi deux soirées exceptionnelles en qualités et quantités.

La fête des mères étant un événement attendu par toutes les catégories de la population, c'est sur ce créneau que je lançais cette soirée et il ne manquait plus qu'un partenaire de choix.

Une femme c'est les fleurs et je tenais l'idée, restait à l'exploiter.

Un des gros négociants de Bordeaux me fit confiance et c'était parti. La préparation de la soirée se fit d'abord à l'antenne 15 jours avant avec des jeux sur le thème des fleurs avec pour chaque gagnant une plante à retirer dans le magasin de notre partenaire.

La soirée fut magnifique avec des dizaines et des dizaines de fleurs offertes, des plantes, et des bouquets. Le succès était la avec 600 entrées .Un score superbe, quand on pense que le lundi il est extrêmement difficile de faire sortir les gens (après le Week end). Une soirée magnifique où tout le monde fut ravi. Tous les noctambules, le fleuriste qui venait de réaliser un bon coup publicitaire à moindre frais .Je ne garderai en mémoire que la distribution finale de roses rouges .Chaque personne dit du sexe faible avait droit à la sortie à une ou plusieurs roses. Cela complétait et finissait une soirée dont l'éclat allait rejaillir sur la station.

La soirée qui m'a réellement fait le plus de plaisir fut celle que j'ai réalisée avec les Girondins de Bordeaux. Les footballeurs sont des hommes ayant du coeur (pour certains) et grâce à leurs amitiés j'ai fait une soirée exceptionnelle.

Annoncer à l'antenne que Mrs Giresse, Trésor, Lacombe, Girard, Rohr ....bref toute l'équipe professionnelle serait présente, c'était une opération publicitaire phénoménale pour la radio. C'est grâce encore une fois à la gentillesse de ces hommes et femmes, car les épouses étaient invitées, que cette action fut une réussite. Cela se passait juste avant leur départ pour participer à la coupe du monde en Espagne. Une soirée d'adieu avec le public bordelais avant l'aventure que l'on sait (demi finale, tir au but ....).

La préparation avait été identique aux autres manifestations .Seul le coté organisation interne avait changé .Un coté du night club était réservé à nos invités et des animateurs devaient interdire leur approche pour leur permettre d'être tranquille.

1500 personnes allaient franchir la porte, tout le monde voulait voir ses vedettes de prés. D'autant qu'à l'intérieur les Giresse Trésor et consorts n'étaient pas les derniers à s'amuser. Celui à qui est revenu la palme fut sans conteste notre ami Marius Trésor. Avec sa gentillesse légendaire, il nous fit un show avec sa chanson « sacré Marius », de la danse antillaise et des histoires pour une assistance conquise.

L'événement de cette soirée fut l'annonce, en exclusivité, avant tous les médias officiels, le transfert du nouveau gardien de but de l'équipe. Un scoop qu'une certaine presse n'a pas digéré et nous l'a fait savoir.

Quel coup de publicité, les medias nationaux reprenant l'information et bien sur avec citation de la radio.

Soirée inoubliable et inoubliée de beaucoup de bordelais.

En plus des fonctions que j'occupais, il fallait une émission sport sur les antennes. Le monde sportif associatif était la portion congrue de tous les medias et une émission sport sur ce monde inconnu devait marcher.

Bien sur les matchs des Girondins furent retransmis (1° radio locale à la faire), mais l'actualité des amateurs m'intéressait. Il fallait trouver un responsable de la rubrique et la difficulté était là.

J'aurais pu le faire mais toutes les fonctions cumulées faisaient que je ne pouvais tout faire. Je me mis en quête de l'oiseau rare.

Le hasard m'a fait rencontrer dans mon club de tennis, un ancien camarade qui avait joué dans mon équipe de football (j'étais président d'un petit club). Ce garçon, fort courtois, présentant bien, connaissait parfaitement le sport et correspondait à l'homme de la situation.

Après plusieurs hésitations il accepta sous réserve de lui apprendre la radio.

Pour moi Henri était parfait dans ce rôle la. Petit à petit, il se prit au jeu et sa présence à la radio devenait de plus en plus fréquente. Sa cordialité, sa bonne humeur, sa disponibilité (il était chômeur) étaient appréciée. De jour en jour il prenait de l'importance et se débrouillait pour être dans les bons coups (qu'il ne créait pas forcement).

L'appétit venant en mangeant, il commençait à me tirer dans les jambes, et lui aussi tenta de profiter de certaines situations pour avoir la place. De bonne guerre !

Cela allait lui réussir puisque quelques mois après, il était directeur de la station.

La radio marchait de mieux en mieux et les sondages étaient de plus en plus favorables en nous donnant radio leader sur Bordeaux.

Cela marchait trop bien, et attisait les convoitises et les jalousies. Tous ces gens la n'avait qu'une seule idée : avoir notre peau et d'une manière très simple. Pour émettre officiellement il

fallait une autorisation du gouvernement qui se composait pour la petite histoire de :
-avis favorable de la commission chargée d'étudier les dossiers (commission Holleaux puis Gallabert)
-avis d'une sous commission à la Haute autorité
-avis favorable de la Haute autorité
-approbation du ministre de la commission (Mr Fillioud)
-passage au journal officiel

Pas très simple à obtenir tout cela .D'autant que dans la commission Holleaux se trouvaient plusieurs de nos « confrères », qui bien entendu ont fait capoter notre dossier.

Un certain Gérard était l'un de cela et s'est permis d'expliquer que nous n'étions qu'une radio émanant d'une discothèque, avec des fonds de cette même discothèque, et qui d'ailleurs émettait depuis cet endroit.

Tous ces mensonges ont fait ajourner l'autorisation qui arriva quelques deux ans plus tard mais n'empêcha pas l'activité de la radio de se poursuivre. Il était triste que ces messieurs se soient laissés manipuler par une ou deux personnes qui voyaient surtout leurs nombrils.

Mon départ de Studio 2000 allait se produire de manière bizarre et inattendue.

Apres la soirée des Girondins, et après un tel succès il me semblait intéressant de connaître le bilan financier de cette opération.

Je reprenais donc les souches des billets payants, des billets gratuits et je faisais un compte précis, lequel compte ne correspondait pas à la caisse.

Mon étonnement fut communique à Pascal, qui pour simple réponse me dit que j'avais fait une erreur ou qu'il y avait eu des billets non comptabilisés, et que toute façon cela ne me regardait pas.

A partir de ce moment, ma méfiance a commencé et mon action allait s'en ressentir. Bien entendu Pascal se rendit compte de mon recul et une explication devenait inévitable. Elle eut lieu en assemblée générale, où tout le monde pris fait et cause pour ce cher directeur et de par la même confirmait sa décision de me mettre à la porte. Seuls un ou deux de mes amis avaient tentés de me défendre, mais en vain, le « patron » était le plus fort et c'était lui qui permettait de causer dans le poste le plus écouté de Bordeaux.

Ces amis me connaissant, ils allaient fouiller eux aussi et se rendre compte que j'avais raison et allaient ouvrir au grand jour de la radio un scandale qui lui fit très mal. Mr Pascal détournait les fonds de la radio pour son propre compte. L'évaluation devait s'approcher des 4 à 5 millions .Ce cher monsieur n'avait pas compris que sa manière dictatoriale de gérer la radio devait un jour ou l'autre lui retomber dessus et que l'écart qu'il ferait lui ferait très mal. J'ai profité de sa confiance très longtemps (mais pas de dictature avec moi) et j'ai passé des moments inoubliables à Studio 2000 mais la fin m'a laissé un goût amer.

Ma période Studio 2000 s'acheva vers le mois de Juillet 1982.

*Deuxième partie*

*Radio libre*

Début Août 1982, me voila remercié de ma radio .Que faire : mon hobbie s'était transformé en passion et de passion je ne pouvais plus y goûter.

Plusieurs solutions s'offraient à moi : les opposants d'hier venaient me proposer de travailler pour eux, ou la solution la plus facile était de revenir à Bordeaux Star (il n'attendait d'ailleurs que ça).

Toutes ces options ne me convenaient pas, car j'aime bien voir des choses nouvelles et être toujours sur une pente ascendante.

D'autres amitiés radiophoniques connaissant ma situation m'ont contactée pour travailler avec eux. J'avoue que j'avais fait le tour de la radio locale classique et tout ce que l'on me proposait ne me passionnait plus : de responsables de sports, aux relations publiques ou directeur adjoint ou......

J'hésitais longuement car cela me démangeait de revenir à ma passion.

J'ai passé de longues après midis, sur la plage à réfléchir et à retourner le problème dans tous les sens.

Ma décision fut longue et douloureuse : je n'accepterai pas toutes ces propositions, j'attendrai.

L'attente fut courte car depuis longtemps germait l'idée d'une radio à moi.

Un soir j'annonçais à mon épouse que j'allais créer ma propre radio. Sa réaction fut de me traiter de fou et que je n'y arriverai jamais .Comme je suis têtu, j'exposais mon plan : créer une radio purement sportive au niveau du département.

Le sport est un phénomène ou tout le monde est impliqué de manière direct ou indirecte. Nous tous nous sommes des sportifs en puissance. Tout le monde suit les progrès de son enfant dans le sport qu'il pratique et au fond de soi nous tous plus ou moins sportif.

Le sport au niveau des medias était tellement mal représenté que j'étais sûr d'arriver à mon but.

Faire du sport sur les ondes, c'était bien joli, mais je devais trouver des partenaires. Pour cela je devais peaufiner mon idée et préparer un dossier.

J'ai mis du temps à écrire le projet car je devais expliquer à des néophytes de la construction à la finition en passant par les autorisations.

Projet
d'Association pour la promotion du sport
par la radio avec
création d'une radio locale privée

Phases préparatoires

1- création de l'Association pour la Promotion du sport par la radio.
2- Demande de dérogation auprès de la commission consultative des radios privées locales.
3-Création de la radio.

Création de l'association

1- Création de l'association pour la promotion du sport par le biais de la radio « libre » avec le support de la musique.

2- Donner un libre accès à la radio aux différentes ligues ou comités pour faire connaître par une plus grande audience, chaque sport pris séparément ou dans son ensemble.

3- Les sports représentés au sein du conseil d'administration peuvent être des sports collectifs ou individuels.

4- Association à but non lucratif régie par la loi 1901 dirigée par un conseil d'administration.

Etc. etc....six pages expliquant toutes les démarches et mesures à prendre.

C'est muni de plusieurs photocopies de ce projet que je mis en quête de partenaires.

Mon idée première fut de créer l'association avec un conseil d'administration regroupant les principaux sports, qui allaient financer les sports plus confidentiels.

Partant de là, je pris contact auprès des dirigeants du football, du tennis, du rugby, du basket, du tennis de table, de l'équitation etc......Mon idée séduisait beaucoup de gens et mon enthousiasme à présenter le projet faisait avancer beaucoup de choses. J'avais l'accord verbal de plusieurs comites ou ligues, et chaque jour, mes contacts devenaient plus nombreux et les accords augmentaient.

Le projet a vu le jour au cours d'un repas dans un des clubs de tennis de Bordeaux. Le représentant de la ligue de Guyenne, qui n'était autre que son secrétaire général, eut LA bonne idée. Il m'invita à rencontrer le Président du Comité Départemental Olympique et Sportif Français (CDOSF), car mon interlocuteur faisait partie de cette structure en temps que vice-président.

Ce Président, dont beaucoup de personnes m'avait déjà parlé, ne me semblait plus si lointain, puisque maintenant un coup de téléphone suffisait. Je pensais le connaître sans jamais l'avoir rencontré, car du poste qu'il occupait il avait des amis et aussi des ennemis, mais qui croire.

Rendez vous fut pris a la ligue de volley ball car mon homme était aussi Président de la ligue de Guyenne de ce sport .Voila mon projet sous l'éclairage d'un homme de l'art (du moins je le croyais) et je me souviendrai longtemps de cette entrevue.

Derrière son bureau ministre, l'air froid et détaché, la question piège à chaque instant, le sourire et l'humour absent, c'était sinistre et peu encourageant, d'autant que son bureau était glacial au sens propre du terme car non chauffé. Ses détracteurs semblaient avoir raison. Toujours est-il qu'à la fin de l'entretien d'une heure, nous avons convenu d'une deuxième rencontre une semaine après, même lieu, même heure mais un pull en plus pour moi. Mon idée avait l'air d'avoir fait tilt.

Pour cette deuxième entrevue l'homme et l'ambiance avaient changés. L'homme était maintenant charmant, presque jovial et enthousiaste par l'idée. Notre travail allait réellement commencer et cet homme pour la suite du livre je l'appellerai JBP (la suite expliquera pourquoi).

Le CDOSF représentait à lui seul l'ensemble de tous les sports, gros ou petits et devenait un interlocuteur appréciable dans l'avancement du projet.

Pour créer la radio, il fallait commençait par créer l'association .Pour cela il fallait regrouper toutes les personnes concernées, et ce n'était pas une partie de plaisir.

Les premières réunions se tinrent d'une manière informelle avec seulement l'idée d'un hurluberlu que quelques personnes soutenaient. Je dois remercier par son soutien constant mon ami le Dr Tallier qui a toujours cru a mon idée et y a toujours apporte son concours. Mon ami le Docteur se souvient de ces réunions ou l'on sortait à deux heures du matin sans avoir fait avancer le projet. Cinq à six heures de discussion ou invariablement JBP et moi-même tentions de répondre aux questions et pensions convaincre.

Réunions parfois très chaudes, et heureusement, car dans de grandes salles pas souvent chauffées, et au mois de Décembre !

Les influences contre le projet étaient très nombreuses. De l'existence d'une radio locale, alors que le journal local relatait l'information mal mais cela suffisait. Toutes les remarques nous faisaient encore plus croire au projet.

L'association devait naître quelques mois plus tard, avec toutes les composantes du mouvement sportif :

-le Comite Départemental Olympique et sportif (CDOSF).

-le Groupement Départemental des Clubs Omnisports (GDCO).

- le Comite d'Education Populaire et Sportif (association émanant du ministère de la jeunesse et des sports) dit CODEPS.

- les licenciés.

Tout ce beau monde réunissait 13 personnes émanant des divers collèges : CDOSF 7 membres ; GDCO 2 membres ; CODEPS 2 membres ; licenciés 2 membres.

Mon ami le Dr Tallier et moi-même étions l'émanation des « licenciés ». Je précise quand même que le Docteur était aussi médecin d'une équipe de rugby et savait de quoi il parlait en temps que médecin spécialisé en médecine sportive.

Le bureau se composait ainsi :

Président : JBP, Président du CDOSF.
Vice président : le Président du GDCO, vice-président de l'organisme au niveau national.
Vice-président, le vice président CDOSF.
Trésorier : le vice-président du GDCO, Président du club des Girondins de Bordeaux Omnisport et par ailleurs comptable.
Secrétaire général : moi-même.
Secrétaire général adjoint : mon ami le Docteur.

Bureau ayant fière allure et montrant notre détermination à créer quelque chose de sérieux. Les clubs, les licenciés, le comité olympique, bref tout le monde était la.

Pour une association de cette importance il fallait créer des statuts particuliers car les classiques de la préfecture étaient un peu légers.

Pour cela j'ai fait appel à un camarade, et oui un de plus. Nous étions membre tous les deux du comité directeur de mon club de tennis et notre rapprochement était inévitable puisqu'il avait comme métier : avocat

A titre bénévole il participa à plusieurs réunions et nous mit souvent à contribution, par le soulèvement de points juridiques.

Des statuts clairs et précis furent ainsi déposés. Tout était prévu : des réunions de bureau ou d'association, au remplacement des membres au .......tout y était même le nom barbare de l'association :

*« Association pour le développement par la radio locale libre des activités sportives de jeunesse et d'éducation populaire du département de la Gironde ».*

Un nom compliqué mais qui avait l'avantage de satisfaire toutes les parties.

Le « bébé » était lancé.

Je déposais les statuts fin Mai 1983 avec beaucoup de monde derrière le projet mais ils y en avaient encore qui cautionnaient, par obligation, l'idée de quelques fous, mais n'y croyaient guère.

Parallèlement à toutes ces démarches il fallait trouvait un siège social et surtout des studios d'émission. Mon idée était de rester en banlieue et surtout sur la commune où j'habitais. Simplement lorsqu'on regarde Bordeaux sur une carte, c'est un grand demi cercle sur la rive gauche de la Garonne et un petit sur l'autre rive avec comme diamètre le fleuve.

Au milieu du grand demi-cercle se trouve la commune ou j'habitais. Les recherches s'avèrent difficiles et faciles à la fois. Difficiles car je ne voyais pas d'emplacement intéressant se présentant à moi.

Faciles car c'est après mon deuxième contact que j'allais trouver ce que je cherchais.

Régulièrement sur le trajet de mon travail, je passais devant un village exposition de maisons individuelles, appartenant à une grande société du bâtiment. Je pris mon courage à deux mains et après plusieurs tentatives infructueuses j'avais un rendez vous un lundi à 11h avec le PDG de la dite société.

Un homme charmant et gentil comprenant rapidement l'importance et le but de la création de cette radio. La discussion porta sur les structures actuelles et à venir de la radio et aussi, bien sur, sur l'association.

Ce monsieur était d'une gentillesse extraordinaire. Mon enthousiasme devait être communicatif, car nous avons pris un autre rendez vous pour approfondir le sujet en m'assurant une grande possibilité d'installation dans son village exposition.

Après plusieurs réunions, nous avons trouvé un terrain d'entente sur l'installation des studios dans la plus belle des maisons exposées.

Nous aurions la maison pour nous seul et nous aurions été à la pointe, puisque cette maison était un logis expérimental de maison solaire.

Au rez-de-chaussée la chambre d'ami devait être le bureau du secrétariat ; la salle à manger, le salon d'accueil, une autre chambre communiquait avec la véranda par une fenêtre ; l'une allait être les studios, l'autre la régie. Au premier étage deux chambres devaient être les bureaux de la direction. Le chauffage et l'électricité étaient gracieusement pris en compte par la société de bâtiment.

C'était fabuleux les locaux allaient être somptueux.

L'accord verbal était conclu et un protocole d'écrit était en préparation, car tant que l'autorisation parisienne d'émettre ne nous était pas accordée, nous ne pouvions pas, par honnêteté, engager cette société dans une aventure ou les deux interlocuteurs avaient un peu à gagner et surtout tout à perdre.

L'association existait et avait un siège social, des studios pour sa radio et les difficultés devant nous.

Par un coup de téléphone donné au hasard de la mi-mai 1983, j'appris que notre dossier devait être impérativement entre les mains de la commission Holleaux avant la fin du mois car sans cela il n'y aurait jamais d'autorisation et le projet n'aboutirait jamais.

Il ne restait que huit jours pour tout regrouper et tout faire : remplir en double exemplaires les imprimés « ad hoc », fournir les statuts, les plans d'installation de l'antenne, les plans du matériel, d'émissions, la zone de diffusion prévue, la grille des programmes prévus etc....

Problème d'autant plus difficile à résoudre que JBP et moi-même avons envoyé le dossier sans l'aval du conseil d'administration de l'association.

Dossier à Paris en temps et en heure, et la a commencé ce que j'appelle une mascarade.

J'emploie le terme à bon escient car la première date de passage en commission devait être pour la mi-Juillet, puis repoussée à fin Juillet, puis repoussée, puis, puis,.....ainsi de suite jusqu'en Mai 1984. A chaque contact avec la commission la date donnée était sûre et rien ne pouvait la faire changer. Malheureusement au dernier moment quelque chose faisait que ....

Ce dossier comportait pour nous un point important et très positif pour nous. La bande FM était très encombrée et la Haute Autorité souhaitait faire plaisir à tout le monde, et donnerait (soit disant) toutes les autorisations mais avec obligation de regroupement.

Ce conseil de regroupement obligatoire avec une autre radio ne nous plaisait guère et le rapprochement avec une autre radio s'avérait nécessaire dans notre cas. En Février certaines radios émettaient avec la fameuse dérogation au monopole, d'autres étaient en attente et d'autres émettaient en pirate.

Pour faire aboutir notre affaire j'avais mis mon carnet d'adresse à mal et pas grand-chose n'avançait.

Pour rester dans l'ambiance radio, j'étais simple animateur chez mes amis de Bordeaux Star. La logique a donc voulu que les négociations de regroupement s'engagent avec eux (car ils émettaient en pirate). Ce rapprochement permettait à mes amis de penser pouvoir profiter du poids du sport pour décrocher le fameux viatique.

Cela se passait d'autant pour le mieux que chacun se connaissait.

Le protocole d'accord avec Bordeaux Star (B S) s'acheminait vers une signature. Une somme correspondant à la moitié des sommes investies par Bordeaux Stars serait versée par l'association du Sport, la discothèque de Bordeaux Star revenant intégralement à la future radio.

Sur ces bases et avec l'accord de notre conseil d'administration une magnifique lettre d'accord de regroupement fut signée et stipulait :

« Nous soussignés Mrs JBP et Jean Charles, agissant respectivement présidents des associations et en tant que responsable des projets de radios locales privées, respectivement Bordeaux Star et Sport 33(S 33) déclarons :

Proposition faite à la haute autorité de la commission audiovisuelle d'un regroupement de deux projets de création d'une radio en modulation de fréquence par dérogation au monopole d'état».

Cette lettre fut expédiée avant là première réunion plénière de la commission Holleaux.

Il en ressortait que notre dossier était relativement bien charpenté et bien prépare (dixit) avec tout ce qu'il fallait d'appuis.

JBP avait fait le nécessaire auprès de Mr Nelson Paillou, Président du Comité National Olympique et Sportif Français (rien que ça) Pour l'anecdote Mr Paillou appuyait le projet sans retenue et voulait absolument que le projet aboutisse !!!!!.

Pour moi les moments difficiles allaient commencer.

Dans cette radio naissante j'étais rien et tout à la fois. Je représentais, à BS l'association S 33 au sein d'une radio ayant encore son autonomie et ayant un accord dans le cas ou l'autorisation serait donnée. Les animateurs pensaient que j'allais tout manger, et que de leurs émissions ou habitudes, il ne resterait plus rien.

Que d'explications avec tout le monde. J'ai passé des jours pénibles ou j'étais attendu au coin du bois. Je devais préservait nos intérêts et ménager l'entente des associations.

De report de date en report de date le grand jour arriva JBP m'appris que nous étions parmi les élus de la commission qui avait entre temps change de Président (Mr Gallabert) et que allions recevoir la fameuse dérogation (IMPORTANT) et qu'en attendant nous avions une décision favorable.

Exposition de joie à BS où la vie commençait enfin à s'apercevoir en rose.

Partant de cette nouvelle, plusieurs réunions furent mises sur pied pour régler la politique de la future radio et la manière de la diriger.

J'étais désigne co-directeur de cette nouvelle radio avec mon camarade Pierre. Nous vivions sur un nuage. D'annonce de recrutement en annonce, nous commencions à créer une grille de programme très intéressante. L'indice d'écoute continuait à grimper et au dernier sondage en notre possession BS faisait partie des deux premières radios les plus écoutée de Bordeaux et sa région.

Tout cet échafaudage, tout cet enthousiasme, tous ces plans pour arriver aux alentour du 20Juin 1984.

Ce jour la, Télé Diffusion de France (autorité en charge de surveiller les émissions radios et télés) fit paraître dans la presse écrite et parlée, le fait que, les radios n'ayant pas en leur possession la dérogation devaient cesser impérativement d'émettre ce jour là.

Nouvelle apprise le matin et réunion de crise toute la journée à la radio. Appels téléphonique à TDF Bordeaux, TDF Paris, Haute

Autorité etc.....tous les organismes susceptibles de nous fournir des renseignements étaient passés au crible, mais tout le monde campait sur ses positions : sans dérogations entre les mains rien à faire.

La décision finale allait être prise vers 18h en présence de JBP, Pierre, Jean Charles et moi-même : la décision d'obtempérer était prise, surtout sous l'influence de JBP et Jean Charles (pour d'autres raisons que radiophoniques).

Pierre et moi-même pensions que cela n'était qu'une mesure d'intimidation, réelle certes, mais surtout orchestrée et embellie par FR3 et le quotidien régional (ils avaient leur propre radio : Radio 100).

Nous pensions qu'il fallait comme les autres radios continuer et que nous devions pour les auditeurs poursuivre. Il serait très difficile de se refaire un auditoire et qu'un arrêt serait la mort.

La décision étant prise un communiqué a été lu régulièrement toutes les 1/2 heures indiquant l'arrêt de Bordeaux Star à minuit sur injonction de TDF. Un trait était définitivement tiré sur ce BS.

La position de Jean Charles était très délicate. En effet il avait investi beaucoup d'argent dans cette aventure, et qui en fait était une aventure personnelle pour lui.

Pour des raisons que je n'exposerai pas il avait un besoin urgent d'argent et il était prêt à tout pour en avoir. Il avait attendu que nous ayons la dérogation, mais elle n'arrivait pas et que pour nous, avis favorable ne signifiait pas obligatoirement décision finale, il n'était pas question de payer d'avantage et c'est dans une telle impasse qu'il a accepté l'arrêt des émissions avec comme objectif la vente du matériel qui lui permettrait de sortir de ses soucis.

Pour couronner le tout, la société de construction avec sa belle maison, m'avait fait savoir que pour des raisons de marketing et de budget publicitaire ils étaient dans l'impossibilité de tenir parole sur le prêt des locaux (bizarre !!!).

Après la joie, la douche écossaise. Durant cette période, **JBP** participait peu à la vie de la radio, et sa présence n'était que symbolique. Son travail consistait à convaincre le monde sportif du bien fondé de cette radio.

Combien de réunions au niveau du CDOSF et aux niveaux supérieurs, il passait son temps à se battre contre des moulins à vent qui eux ne voyaient pas l'intérêt de cette création.

Pour l'appui, à la plupart des votes il obtenait la majorité mais bien souvent à une voix près.

A lui cette tache ingrate, à moi me maintenir le lien ou la fibre radio avec les animateurs.

Quand il s'est agit de faire intervenir la trésorerie de ces organismes, le morceau était encore plus difficile à obtenir .De véritables fonctionnaires, qui ne bougeaient pas s'il n'en avait pas reçu l'ordre en trois exemplaires.

Des gens habitués à leur monotonie journalière, toujours difficile pour eux pour faire passer une information. JBP était un fou, mais, comme au poker, on mettait à voir. Je n'en veux pas du tout à ces gens là, et l'avenir leur donnera tort.

Durant ce mois de Juillet 1984 les papiers officiels de la Haute autorité allaient arriver enfin, en passant maintenant par la commission Gallabert.

Ces documents n'étaient qu'un avis favorable, mais pas la dérogation (différence importante).

Bien entendu il fallait fournir des réponses a des questions que se posait la dite commission et il fallait répondre pour hier. En plein mois de Juillet j'ai géré au mieux la réponse qui est partie vers Paris et vogue la galère .......

Enfin, un morceau du puzzle était en notre possession, restait à obtenir les autres bouts. Un problème important se posait désormais : trouver de nouveaux studios d'émission.

Une animatrice de BS ayant quelques connaissances à la municipalité de Pessac, nous permis de rencontrer divers conseillers municipaux. La négociation tournait autour de notre indépendance vis à vis de la politique. Un accord verbal intervenait avec ces personnes sur l'aménagement de locaux de 130 m2, sur l'achat du matériel, sur les travaux, notre indépendance politique vis-à-vis de la ville de Pessac.

Tout était trop beau et le pavé dans la mare arrivait.

Le jour de la discussion finale avec le maire, il a voulu nous imposer deux personnes de son entourage (dont un conseiller municipal) au sein de conseil d'administration de notre association. Notre réponse était sans ambiguïté. Peu de chance d'accord mais nous allions amener le dossier devant le conseil.

Inutile de préciser que ce n'était qu'une formule de politesse.

La réponse du conseil d'administration fut toute aussi claire et toute aussi nette : non catégorique à l'unanimité .Le danger serait venu de la place du politique dans le sport et là ......

Il ne me restait plus qu'à me remette à l'ouvrage.

La municipalité de Bordeaux (sous Mr Chaban Delmas) fit des offres à priori intéressantes. Son maire tout en étant un fin politique, ne demandait rien en échange et n'exigeait aucune place au conseil d'administration et j'en suis persuadé car c'était un homme au dessus de tout cela.

Le marché était le suivant : nous devions racheter le matériel et l'emplacement d'antenne d'une radio ayant existé mais qui n'avait pas d'autorisation, et qui n'en aurait pas et grâce à la diligence de son ex responsable nous devions nous voir attribuer, via l'office d'HLM un appartement type T3.

Cette même personne nous promettait un transfert vers le centre commercial tout proche. Belle boutique avec un magnifique sous sol et bel emplacement d'antenne Tout était beau mais il y avait une couleuvre de taille à avaler.

La municipalité (je tairais les noms), enfin les proches, mais pas Mr le maire, et sans que celui-ci ne soit au courant nous proposait :

Allocation d'une somme de 120 000 Francs payable en trois ans. Avec cette somme nous devions acheter le matériel et le reste (qui pour un détail ne valait qu'à peine 50 000 Francs). Opération à la limite de la régularité. Nous touchions de l'argent par un coté pour le reverser par un autre. Cela porte le nom de blanchiment d'argent. Il est évident que nous ne pouvions entrer dans cette combine.

Dans ce même milieu politique il m'est arrivé plusieurs anecdotes dont une qui vaut le coup d'en parler.

Un charmant Monsieur, secrétaire général départemental d'un parti politique, proposait d'acheter tout à la radio de A à Z. En contrepartie nous devions parler de son parti à chaque temps d'antenne ou presque. J'ai toujours apporté un refus à ces propositions et parfois les sommes proposées étaient plus que conséquentes .Pour ce pauvre secrétaire général, il n'a pas compris le refus et se demande encore pourquoi (il est toujours dans le milieu).

Vu les propositions pas très catholiques des politiques je me suis retourné vers les publicitaires. La pénétration du marché était très difficile et seule la société DOC François, plus connue sous le nom de l'enseigne SUMA, allait nous apporter une réponse intéressante.

La direction commerciale et publicitaire avait donne son accord pour nous céder un local de 200 m2. Il se situait au dessus d'un de leur établissement et la pose de l'antenne n'était pas un problème.

Le final fut moins glorieux, car le conseil d'administration de cette société refusa d'aller plus loin. On me fit une réponse gentille qui pour moi ressemblait plus a une intervention politique, qu'a un refus de la société, car certains des membres voyaient plus une utilisation plus politiciennes de ce local.

J'ai contacté toutes les enseignes : Carrefour, Auchan etc.....toujours les mêmes réponses négatives. Nous nous sommes tournés vers des baux commerciaux, mais les prix étaient astronomiques ou le voisinage refusait. Bref, c'était le serpent qui se mordait la queue.

Quand on sait le temps qu'il faut pour tout ces rendez vous, cela nous a mené au mois de Février 1985.

Durant ce temps, les propositions d'autres radios affluaient à mon domicile.

On nous proposait :
-des temps d'antenne plus ou moins

important.
-de nous rapprocher plus ou, moins étroitement.
-d'avoir la direction sportive.
-d'avoir diverses responsabilités.

Rien de très intéressant, on cherchait surtout a nous éliminer de la liste des concurrents potentiels. Nous faisions peur par l'importance de notre projet. Même au niveau régional, tant radio que télévision, on essayait discrètement de nous éloigner.

Cela ne faisait que renforcer notre idée de vaincre et d'arriver au bout. Le problème était toujours entier : pas de locaux et pas de toit pour poser l'antenne.

Les locaux allaient être trouvés par le biais de Joël qui n'était autre que le conseiller régional d'une association qui s'appelait « Aquitaine Sort pour tous », et surtout était conseiller municipal de Villon (commune de la banlieue Bordelaise

La proposition était simple :
- mise à notre disposition de locaux de 200m2.
- travaux effectués par la mairie.
- bail de location comprenant l'électricité et le chauffage.

- passage des informations municipales uniquement d'ordre culturelles et sportives et sans exclusive vis-à-vis des autres communes.

- pas de demande de personnes au conseil d'administration.

Je me dois de remercier un homme sans qui ces négociations et discussions n'auraient pas abouties (en plus de Joël), et il s'agit bien sur de Mr Barde, maire de la ville.

Homme courtois et affable, ne cherchant en aucune mesure à nous imposer quoi que ce soit (bien que n'étant pas de son bord politique). Son seul plaisir apparent fut que l'on parle de sa ville (et ne le serait que par le biais de l'adresse de la radio).

Les négociations étaient très claires : la politique n'intervenait pas et nos intérêts étaient défendus.

Le conseil d'administration de l'association donnait son accord pour l'implantation des studios au lieu dit de la Maye et son implantation était-elle une destinée car au dessus du commissariat de police.

Les locaux avaient une superficie de 200 m2 et étaient constitués d'une grande pièce de 150 m2, et d'une autre pièce de 30 m2, de toilettes hommes et femmes. Tout cela était neuf avec des poutres apparentes .La pièce principale avait 4 m de hauteur sous plafond, ce qui constituait un handicap, mais un faux plafond assurerait la bonne isolation phonique.

Restait à fournir les plans des lieux à la ville pour leur réalisation.

J'ai donc pris le mètre, le papier et le crayon pour proposer des plans.

La deuxième salle était conservée dans son intégralité, pour faire une salle de travail pour les animateurs et une discothèque. Mon attention s'est portée sur la grande pièce dans laquelle il fallait faire une régie, un studio, des bureaux et une salle de réception.

Des vitrages de séparation devaient exister entre la salle de réception et le studio, de même entre régie et studio. L'idée était de voir sans déranger ...CQFD.

Les plans ainsi proposés sur le papier devaient être faits en dur dans les mois à venir, c'est-à-dire dans la première quinzaine d'Avril 1985.

C'était sans connaître la lenteur des employés municipaux. Le gros œuvre a été relativement vite, mais pour ce qui est des détails alors là ...

Début Mai, mi Mai toujours rien. Ayant comme on le comprend, beaucoup de raisons pour accélérer le mouvement, nous avons fait les finitions : les plafonds, les murs ont été peints (prè-couches puis couches puis ...).

Il a fallu découper les vitrages, les poser .... Toutes ces préparations ont pris 3 semaines, samedis et dimanches compris. Mon équipe se relayait et là, un bel exemple de solidarité avec en permanence 5 ou 6 personnes de 09h à 19h. Durant cette période je jonglais entre ma vie professionnelle et privée. J'ai termine très fatigué mais c'était le début car il fallait maintenant passer au matériel à installer.

J'avais décide avec mes principaux collaborateurs radios, de faire quelque chose d'élégant et de fonctionnel en régie. Console en U pour encastrer le matériel. Travail de menuisier d'une semaine afin d'arriver à être prêt à tout encastrer (la radio mène à tout).

Il ne restait pus que le revêtement mural du studio, le sol de la régie et du studio et la console à recouvrir : murs et console avec de la moquette grise et rouge et grise uniquement sur le sol.

Cinq semaines après le début de la première vis tout était prêt pour recevoir le matériel.

Pour faire un achat quelconque il fallait l'accord du conseil d'Administration (CA) et surtout son accord pour commencer à émettre. Cela allait arriver vers la fin Mai. Alors que les autres radios non homologuées officiellement (dérogation) continuaient a émettre, nous, nous attendions cette fameuse autorisation.

Avant le CA de décision d'émettre deux points importants avaient fait l'objet de réunions serrées et de décisions. Le nom de la radio ayant été une fois de plus remis en question, j'avais réalisé une cassette avec une dizaine de noms sélectionnés par ces messieurs, avec bien sur des musiques de fond différentes. Apres écoute et foire d'empoigne, le nom de REGIE 7 était adopté .Pour l'anecdote c'était le nom que j'avais proposé depuis le début, mais bon...

Le second point et le plus important était les finances. Il a été décidé de faire un emprunt auprès d'une banque (Crédit Mutuel). Emprunt très avantageux puisqu'il était réservé aux associations. Pour ce faire il fallait la caution d'un organisme officiel. La demande fut faite au Conseil Général de la Gironde car le délègue aux sports n'était autre que notre maire de Villon. Etaient-ce un heureux présage ? Sentant la difficulté d'obtention, il nous proposa qu'en cas de refus sa commune se porterait caution. Bien lui en a pris car le secrétariat général du dit Conseil me fit savoir son refus avec des justifications bizarres.

Il nous restait la caution de la ville. Elle fut accordée sans problème lors d'un conseil municipal ordinaire.

Nous voila à la fin Mai avec des locaux, de l'argent prêt à être débloqué, tout pour démarrer .La seule inconnue résidait toujours dans l'autorisation officielle et définitive.

JBP avait eu des contacts avec des responsables parisiens des dossiers radio et la promesse lui a été faite que la dérogation était imminente.

*Troisième partie*

*Radio locale associative*

Fort de tous ces points positifs le CA, à l'unanimité décida le démarrage de la radio des que possible.

On a fait débloquer l'argent, acheté le matériel et l'installation était le plus facile.

Un énorme problème restait en suspens et n'avait pas, malgré, toutes mes recherches, trouvé une solution : ou poser notre antenne ?

Depuis que nous savions que les studios seraient à Villon, j'ai tout cherché dans le secteur. Il était évident, vu la côte basse de la commune (15 m au dessus de la mer) qu'il fallait poser l'antenne ailleurs que sur le toit du studio.

Dans les environs immédiats se trouvait un immeuble de 15 étages, idéal pour l'émission. Toutes les autorisations ont été demandées et bien sûr refusées.

La politique s'était mêlée de cela aussi. Le conseil d'administration de la société qui gérait l'immeuble, avait un président opposé aux idées du maire de la commune de nos studios.

J'ai cherché partout, jusqu'au jour ou, un de mes rendez vous sur un toit me permis de rencontrer un homme compréhensif .Il me proposa non pas un immeuble de la commune, mais à l'opposé par rapport à l'endroit ou nous étions. Il me proposa une tour de 18 étages, de l'autre coté de Bordeaux. Situation exceptionnelle ou nous devions être à 120 ou 130 m au dessus du niveau de la mer, un site idéal.

Restait à obtenir une fois de plus, toutes les autorisations nécessaires.

Pour ce coup là, la politique, les radios en place, tout le monde s'en mêlait. C'était la loi du plus fort, et cette fois nous avions tout bordé, et ce fut nous, grâce à l'intervention de sénateurs, maires etc.....

Nous avions un site équivalent à l'antenne de TDF sans en avoir les frais, et pour relier le tout une ligne PTT.

Là aussi une de mes connaissances travaillait dans cette administration et en plus il était conseil municipal de Villon. Tout s'arrangeait.

Vers la mi-Juin, nous étions fin prêt.

Parallèlement a toutes ces tractations, j'avais recruté une vingtaine d'animateurs avec l'aide de mon fidèle ami Jean Claude, qui fut de tout mes combats à mes cotés et qui allait le rester jusqu'au bout.

Pour ne pas commencer dans l'anarchie, nous avions formé les gens sur le matériel et la politique de la station. La grille de programme tenait la route pour le début Juillet.

Démarrage officiel le 10 Juillet à 07H00.

Des essais eurent lieu le 08 .En deux heures de temps, près de 100 appels téléphoniques. Cela prouvait bien que les auditeurs voyageaient sur la bande FM.

A l'heure dite et au jour J, j'ai ouvert avec beaucoup d'émotion l'antenne, fruit de mois et de mois de travail. Les premiers furent « Le beau roman » de Michel Fugain pour moi, suivi d'un titre d'Yves Montand pour JBP et la radio était lancée.

Deux ans d'effort et l'enfant voyait le jour. Il fallait maintenant mettre la machine sur les rails et garder le cap en ayant l'œil à tout pendant quelques mois (enfin je le croyais).

La radio prenait son envol et le public réagissait favorablement. L'audience commençait à croître. Le courrier augmentait de semaine en semaine, le téléphone arrivait à des chiffres de 150/ 200 appels par heure pour certaines émissions. C'était merveilleux et le succès, peut être pour demain.

Peut être, car la réunion du conseil du 30/08/84 fixa le début de la fin de mes rapports avec le Président et aussi le début de la fin de l'aventure Régie 7.

En effet, depuis quelques temps, je donnais des directives à l'équipe et il passait pour donnait le contre ordre. De ce fait nos relations se sont tendues. Monsieur le Président voulait tout régenter et voulait être le patron de cette radio en passant outre mes compétences.

A cette réunion, plus qu'houleuse, il mit en place des commissions. Quelqu'un disait : « diviser pour mieux régner » et un autre a dit « quand vous voulez enterrer un problème, créez des commissions ». Contre mon avis il les créa : commissions de sports, des programmes, de la culture, de la technique, de la formation et de la médecine. Toutes étaient présidées par un membre du CA. C'était du pur délire car la seule personne qui connaissait le fonctionnement d'une radio, c'est-à-dire, moi-même, n'avait aucune présidence de commission. C'était gros et difficile à avaler. Il divisait, répartissait les taches et pouvait ainsi régner.

Je devais, avant chaque décision par exemple sportive, en référer à la dite commission et suivre ses vœux. C'était la perte de toute initiative et de tout rôle de décisionnaire de la radio. C'était la le fond du problème. C'était un malin le JBP, il croyait que par sa position dans le monde associatif, tout lui était maintenant permis et qu'il était temps de se débarrasser de moi.

Monsieur le Président voulait être le seul maître à bord. Son arrivisme lui interdisait d'avoir une personne devant lui. Il souhaitait maintenant que cette radio soit sa chose, à sa seule idée. Il ne supportait pas la simple idée que j'ai des cartes de visite intitulées « Directeur de Régie 7 » (Cartes que j'avais faites imprimer à mes frais).

L'ombre que je lui faisais à travers mes connaissances devenait trop importante. La logique voulait que les personnes désireuses de venir ou d'avoir des renseignements sur la radio, s'adressent à moi. Il ne supportait pas que je reçoive un représentant sportif sans qu'il fût présent. Tout était du même style et cela durait depuis le jour de la première émission.

Un besoin urgent de finance se faisait cruellement sentir .Il fallait acheter du matériel de reportage, du matériel de ......tout cela je l'évaluais à 40 000 francs.

La solution qui s'offrait logiquement à moi était la publicité. J'étais favorable à la publicité du style « nous sommes en direct de tel magasin pour telle émission »...et bien sur payant.

J'avais des propositions. L'une émanait du plus grand centre commercial de Bordeaux, l'autre d'une grande surface. Les deux propositions étaient simples : jeux, directs, interviews depuis leur magasin avec annonce de ce lieu. Le tout était bien payé pour une radio débutante (18 000 francs) La réponse présidentielle était claire et nette : NON.

Il ne voulait pas entendre parler du mot publicité sur SON antenne. Il pensait et pense encore pouvoir subvenir à tous les besoins par des subventions d'état.

Solution envisageable mais peu réaliste : le robinet était de plus en plus vissé et le délai d'obtention à l'infini. Deux raisons qui me confortaient dans l'option publicité.

Pendant les 15 jours qui suivirent ce CA, j'ai tenté de jouer le jeu et essayé de voir comment on pouvait diriger une radio dans de telles circonstances. Passé ce délai j'arrivais à la conclusion d'une impossibilité.

Nos échanges se transformaient régulièrement en pugilat verbal et cela n'aboutissait à rien de constructif. Chaque fois que l'un de nous disait blanc, l'autre pensait ( !) noir. Il fallait que cela cesse.

Pendant cette période presque tous les membres du CA ont défilé dans mon bureau. Certains comprenaient le problème, d'autre défendant le projet du « chef ». C'était en tout cas à celui qui arriverait à me faire changer d'avis et me faire venir sur le terrain de Mr JBP.

Difficile pendant ce temps là de diriger une radio. Difficile d'avancer quand vos arrières sont menacés. Regarder devant et derrière personne ne sait faire et moi non plus.

Les animateurs eux aussi sentaient qu'il y avait du tirage et ne comprenaient pas eux non plus la position du président et du CA. Ils me demandaient donc d'inviter les membres du CA à assister à la prochaine réunion d'animateurs prévue en programmation.

Les invitations, dans un premier temps verbales arrivaient à la conclusion qu'il fallait se réunir mais pas à l'heure actuelle ou pas dans les circonstances présentes.

Le président quand à lui refusait catégoriquement de venir et se vantait d'interdire à tous les membres du CA d'y assister. Cette réunion s'annonçait mal et seul deux membres du CA me confirmaient leur présence.

A l'heure dite, au jour dit, la réunion avec les animateurs avait lieu. Seule fausse note et de taille : il y avait un CA le même jour et à la même heure dans un endroit différent. Convocation faite dans mon dos verbalement par le président et souhaitée bien sur hors ma présence. J'appris cela en arrivant à ma propre réunion .Ma réaction fut grande mais la guerre était enclenchée. J'assistais pendant une heure à ma réunion et cédait la direction de la suite a mon fidèle Jean Claude.

Avec les deux membres ayant bravé l'interdit nous primes le chemin de l'autre réunion.

Grande fut la réaction des comploteurs. Après quelques explications hasardeuses, la discussion du CA repris. Il apparut rapidement qu'il y avait une personne en trop dans le système mis en place : le président ou moi. Tout le monde était d'accord sur ce point mais personne ne trouvait de solution. Je proposais ma démission de directeur de la radio. Elle fut refusée et remplacée par un débat sur les raisons qui nous avaient amené à cette situation (publicité, responsabilité ………).

Sur chaque point d'accord apparent, mon ami le Docteur faisait faire un vote. Le résultat était simple : 8 pour et un contre (le président), et ce sur tous les sujets abordés. Il était évident qu'après un tel désaveu, ce n'était plus à moi de partir mais à lui. En fin de réunion, bon prince et mauvais perdant il annonçait sa démission. J'y ai cru à moitie, car c'était une fois de plus une de ses ruses qui lui permettrait de retomber sur ses pieds, tel un félin.

Fort des ces résolutions et de ces accords, j'allais pouvoir travailler correctement. Chaque contrat de publicité était valide par un membre du CA puisque c'était là le plus gros problème restant. Toutes mes actions préparées en commun avec ces mêmes personnes.

Cette éclaircie dura 10 jours, le temps de l'absence de Bordeaux de Monsieur l'ex-Président pour des raisons professionnelles. Tout avançait pour le mieux, les affaires et la radio avançait enfin. Durant cette courte période un de mes amis, du CA se débrouillait avec la Direction de la Jeunesse et des Sports pour obtenir au plus vite des crédits pour l'achat des matériels. Tout baignait presque dans l'huile. C'était trop beau.

En effet au CA suivant le ciel s'assombrit rapidement. L'ex président ouvrit la séance en confirmant sa démission, mais vu les discussions en cours (lesquelles ?), il ne partirait qu'après avoir rempli son contrat. J'allais alors assister à un revirement de situation. Les personnes lui ayant tapé dessus durant 10 jours lui demandaient maintenant de rester à la Présidence (tour de passe passe). Très fort de sa part. Il avait été mis à la porte, et rentrait par la fenêtre avec l'aide des mêmes l'ayant remercié. Bravo, très fort ! Je m'étais fait rouler dans la farine et il avait fait des pressions que je connaîtrais jamais.

J'énumérais donc les actions menées et à venir. Vu ce qu'il venait d'obtenir, il se mit à tout critiquer et à tout démolir. Personne (sauf un) ne levait le petit doigt pour m'aider. Je ne comprenais plus qu'une décision majoritaire (et écrasante) appliquée dans les règles édictées, puisse être critiquée à ce point là et sans réaction.

Comme personne ne songeait à m'aider, il ne me restait plus qu'a retirer une nouvelle fois l'échelle : démissionner.

Lettre de démission fut envoyée au président avec copie à la mairie et à différents partenaires publicitaires.

Deux jours après j'arrivais à la station et j'appris par la bouche d'un membre du conseil d'administration (CA), que ma démission avait été acceptée la veille au soir par un semblant de CA, à laquelle peu de monde avait été convié, pas de convocation officielle, pas d'ordre du jour ....mais beaucoup de magouille.

Le Président n'ayant pas eu le courage de venir me le dire en face ; cela m'excitait encore plus et me poussait davantage vers la bagarre.

Ma première action, et la seule que l'on puisse me reprocher (quoique), ce soit d'avoir annoncé en deux temps ma démission à l'antenne. Je ne renie pas cette action et si c'était à refaire, je recommencerai en direct et certainement plus violemment à l'égard de certaines personnes.

Cette annonce a mis le feu aux poudres. Tous les animateurs présents cessèrent leurs émissions et tous ceux qui étaient à l'écoute ont appelé pour me confirmer leur solidarité. Cela faisait suite à une délégation de soutien venue deux jours avant en temps que porte parole des animateurs.

Il ne me restait plus qu'à ramasser mes affaires personnelles et a repartir chez moi. Tous ce qui m'appartenait, des livres aux cahiers au mobilier, tout fut remporté chez moi. Chaque animateur faisait la même chose de leur coté et cela allait mal se terminer.

Dans la foulée, je demandais à mes collaborateurs de réunir les animateurs le soir même, réunion au cours de laquelle je relu ma lettre de démission. J'ai demandé à ceux qui voulait me suivre dans une autre aventure de le faire savoir et à ceux souhaitant rester à Régie 7 de se prononcer et que je comprenais leur attitude.

Durant la réunion un animateur avait tapé la liste des présents et demandait à tous ceux qui le voulaient de signer cette lettre demandant l'arrêt des émissions. Résultat : 30 accords sur 32 présents et sur 40 animateurs en tout.

J'emportais un succès d'estime qui me sera longuement reproché. J'étais le meneur d'homme qui voulait saboter la radio que j'avais créée.

Pendant ma réunion, se déroulait dans une pièce d'à coté un CA de l'association auquel, je n'étais, bien sûr, pas convié.

Ma réunion devait tourner court car la plupart des questions posées l'étaient au président et en son absence .....

Pour que mes animateurs aient des réponses, je demandais à ce que l'on aille le chercher dans la pièce d'à côté pour qu'il s'explique : refus J'ai moi-même été lui demander de venir et il accepta sous réserve que le CA soit aussi présent.

Les quatre membres du CA présents acceptèrent et la réunion se passa par un flot de questions au président. Celui-ci, malin comme un singe, n'y répondait pas et s'esquivait systématiquement. J'étais obligé de revenir aux problèmes et de rectifier ses dires qui n'avaient d'autre but que de me faire passer pour un menteur ou un casseur.

Mes animateurs ont pu ainsi voir qu'il était impossible de gérer et diriger une radio avec un tel personnage. A la fin de cette discussion, Monsieur le Président convoqua mes proches collaborateurs pour une réunion, deux jours après, mais sans moi. Devant une telle attitude nous avons décidé de nous rendre ensemble (moi compris) à la dite réunion. Réunion de dialogue de sourds pendant deux heures. Le Président refusait de dialoguer en ma présence et mes amis aussi. J'ai pris une seule fois la parole pour expliquer ma position qui était simple : nous sommes dans une impasse, essayons d'en sortir ensemble. Toujours la même réponse négative. Dans ces conditions nous sommes partis, enfin sauf deux attardés qui se firent coincer, car avec eux le dialogue pouvait avoir lieu (vieux système de la division). Au bout d'une heure j'ai demandé à mon amie Michelle d'aller voir ce qu'il se tramait. Le compte rendu nous arriva que le lendemain.

Ces messieurs avaient offert le Whisky et essayèrent, jusqu'à une heure avancée de la nuit, de les convaincre de revenir à la radio mais sans moi et avec les animateurs. Une fois de plus, dialogue de sourd.

Nouvelle réunion (Assemblée Générale) avec mes amis de BS .La contre attaque était simple : faire jouer la loi.

BS et Sport 33 avait la dérogation d'émettre et elle était officiellement allouée en commun.

Je devins à cette AG le nouveau Président de BS et comme il fallait officialiser, tous les documents nécessaires furent expédiés à la préfecture.

L'action pouvait commencer : lettre envoyée en recommandé à Mr le Président JBP pour l'informer de cette nouvelle donne et demandant une réunion commune aux deux CA des associations.

Je me doutais bien que eux aussi n'allaient pas rester inactifs .Je reçus moi aussi mon courrier en recommandé m'accusant de mille maux.

Pas de réponse de ma part car je me serai perdu dans des détails insignifiants et cela aurait pris plusieurs pages qui donneraient en résumé :

-si je ne peux pas annoncer mon départ sur mon antenne ...où est la liberté.

-un piège a été tendu et il est tombé dedans.

-je suis de droit membre du CA car secrétaire général.

-J'avais enfreint à l'éthique de la radio !

-j'avais volé les biens de la station .....qui m'appartenaient.

La guerre faisait rage et chacun fourbit ses armes.

Entre temps j'ai tenté de rencontrer le maire de la commune pour lui expliquer la situation. Impossible, c'était un homme très pris et il me renvoya vers un de ses adjoints, que je n'ai d'ailleurs jamais rencontré.

Mon courrier avec demande de réunion a fait l'effet d'une bombe : j'étais président de BS et j'osais convoquer ces messieurs : double sacrilège.

La réponse vint le vendredi suivant par un de mes collaborateurs Victor.

Le Président JBP en personne tentait d'expliquer que dans l'état actuel de tension, il valait mieux ne pas envisageait une telle réunion. Habile manœuvre pour gagner du temps.

Victor devait prévenir tout le monde et n'ayant pu joindre les personnes de S 33, il décida de tenter de leur téléphoner et d'expliquer que nous viendrions à cette réunion programmée.

Il reçu un accueil très acide voir plus, de la part d'un responsable du monde sportif, qui allait plus tard prendre de hautes responsabilités .Il menaça de me tirer dessus avec son arme, de me tabasser s'il me rencontrait, de tout casser et même si la radio s'arrangeait avec moi, de tout faire pour la couler. Il n'était pas ivre et cela n'était pas de l'intimidation car il m'a réellement tenu au bout de son arme et inutile de préciser ma grande peur.

Les partenaires publicitaires m'avaient sollicité pour une réunion. Je répondais à toutes leurs questions et aux interrogations légitimes qu'ils se posaient sur la suite des événements.

Ils m'assurèrent de leurs non signatures de contrat avec la radio (en particulier une très grande banque) tant que toutes ces affaires ne seraient pas réglées et me faisaient clairement comprendre aussi qu'ils souhaitaient que je revienne aux commandes de la radio.

J'étais conforté par le coté partenariat et je tenais un bout de la ficelle.

J'ai appelé Mr JBP pour que nous arrêtions la guerre et il proposa un rendez vous pour un déjeuner. Je demandais à mes amis de venir. (Jean Claude, Nathalie)

J'appris par un tam tam des choses troublantes venant du conseil municipal de la ville qui nous accueillait : tout était réglé et je sautais. Le CA avait été changé, le Président n'était qu'un pantin et la direction départementale de la jeunesse et des sports allait prendre le pouvoir avec en plus des salariés par la dite association. Revirement de situation qui me semblait peut probable car de par les statuts je ne voyais pas comment prendre le contrôle du CA de S 33.

Le repas prévu a bien eu lieu et Mr JBP attaqua avec un télex que j'aurai envoyé expliquant que j'allais laisser tomber mes amis de BS et que ..... Accusation grave et sans preuve car bien entendu je n'avais jamais envoyé un tel télégramme, mais je devinais d'où pouvais venir le coup. Le reste du repas se déroula par un monologue de JBP .Il joua du sentiment et de la fibre paternaliste. Rien n'y fit, personne de nous trois n'était convaincu de ses propositions.

Elles étaient simples : deux personnes ne devaient plus revenir à la radio : un de mes collaborateurs, moi-même et Nathalie était exclue pour 15 jours.

A la réunion suivante de BS nous avons relaté les dires du Monsieur et nous avons pris une décision claire : tout le monde revient ou personne. Restait le fameux télégramme qui faisait que le mystère, pour moi n'existait pas car il avait été fait par celui qui nous l'avait présenté (j'en ai eu confirmation bien des mois plus tard).

Pour faire avancer le schmilblick nous avons pris la résolution d'envoyer un courrier pour l'organisation d'une réunion le 16/10 à 21H00.

Depuis mon départ de la station j'avais exécuté ou commandité des dizaines d'actes :

-coupé l'émetteur.
-volé des disques.
-pris de l'argent dans la caisse.
-envoyé le fameux télégramme.
-organisé la grève des animateurs.
-fait chanter plusieurs personnes.
-etc......

J'avais la rage car bien sûr, tout était faux.

C'était une magnifique cabale organisée par le Président. Je regrette que mon ami le Docteur soit tombé dans ce piège. Il s'est fait manœuvrer sans s'en rendre compte. Je l'avais pourtant mis en garde mais il était trop tard. J'étais un renégat (mais pas pour sa femme, ouf !).Dommage car j'ai perdu un ami cher que j'appréciais plus que tout.

La cabale était en place et ce cher président pouvait faire un CA de S 33 en toute quiétude. Je reçu une convocation officielle pour le 29 au siège d'un grand club sportif de Bordeaux. De mon coté je pensais ne pas être en position d'infériorité car la loi était claire : la dérogation était attribuée en commun a deux associations qui devaient gérer ensemble la fréquence.

J'étais devenu Président de l'une et Mr JBP était président de l'autre, de plus j'étais secrétaire général de l'association S 33.

Position intéressante car j'étais dans les deux camps. Je dois dire que mon cœur faisait plus que pencher pour BS car je suis persuadé que les gens que nous avions en face étaient manipulés par un arriviste prêt à tout écraser même ses propres amis.

A l'heure dite le CA commença. Enfin c'était devenu un tribunal ou j'étais l'ennemi public numéro 1, mais je n'avais pas droit à un avocat.

J'ai reçu pendant 3 heures et demie tout ce que l'on pouvait me reprocher, le seul détail qui manquait est le fait que toutes les accusations ne reposaient sur aucune preuve. Au contraire, les quelques semblants de culpabilité qu'ils croyaient tenir contre moi, ont été balayés par une ou deux personnes honnêtes qui ne pouvaient laisser dire des mensonges. J'ai bien essayé de me défendre, mais impossible de faire comprendre quoi que ce soit à des gens qui ne veulent rien entendre.

J'ai même fait lecture de la loi qui était en ma faveur et la j'ai l'impression que certains membres ne pensaient plus de la même façon.

Bien triste soirée, j'ai du partir en rappelant que notre but était de revenir à R 7 mais à égalité avec leur association dans un comité de gestion et j'attendais le lendemain soir pour voir s'ils répondraient à ma propre convocation.

Le lendemain dans l'après midi, j'ai reçu un télégramme signé de JBP m'indiquant que ces messieurs ne viendraient pas et qu'un courrier devait suivre.

Comme j'avais méfiance, nous nous sommes réunis avec mes amis de BS et bien sûr sans l'autre association. Comme nous nous heurtions systématiquement à un mur nous avons pris

la décision d'écrire à l'organisme qui avait autorisé et accordé l'autorisation : la Haute Autorité.
Avant l'envoi à cet organisme, nous avons décidé d'attendre le courrier promis. Je reçu le vendredi suivant une magnifique bafouille m'expliquant qu'il leur avait été impossible de venir mais qu'ils étaient prêt à se mettre autour d'une table. Connaissant les oiseaux, ça sentait le coup fourré car ils mettaient deux conditions :
- accords des deux présidents sur la date et l'ordre du jour.
- présentation de tout BS (compte depuis le début et le reste...).

Réunion fut faite mais pour tourner en rond et n'aboutir n'a rien, si ce n'est que l'association maîtresse qui devait diriger le tout était bien sûr S 33.

Une personne allait chambouler toutes les cartes. Il s'agit d'un conseiller municipal de la ville qui nous accueillait Mr Bertrand.

Ce monsieur m'a téléphoné un après midi et a tout essayé pour me faire changer d'avis en faisant tous les chantages imaginables, personnels et professionnels. L'intimidation il connaît très bien cela.

Pour finir son intimidation, il allait intervenir auprès du préfet pour faire casser l'association

BS et qu'il allait faire intervenir qui il fallait pour me, et nous faire taire.

Tout y passa. La pression sur moi ne faisait qu'augmenter mais la soupape de sécurité tenait car ce n'était pas la première et pas la dernière fois que l'on essayait de me faire peur.

Cette intervention mit Bernard hors de ses gongs et l'a poussé à tenter à son tour une initiative. Il prit contact avec plusieurs membres de S 33 et réussi à mettre en place une enieme réunion entre les deux associations.

Entre temps la lettre pour l'autorité était prête. Nous l'informions de l'état des négociations et surtout de notre impuissance à gérer quoi que ce soit : plus d'émissions, plus de studio. Nous demandions son arbitrage. Cette lettre a servi de chantage à Bernard pour obtenir sa réunion mais un certain hasard a fait que cette lettre est partie malgré la promesse de Bernard....

Nous avions en face de nous des notables nous prenant pour des jeunes « rigolos » sans argent et surtout des irresponsables.

Au cours de cette rencontre nous avons pris, de la part d'un représentant du ministère de la jeunesse et des sports, un magistral cours sur les associations 190. Il a tenté de nous démontrer que notre association était tellement mal faite que nous avions tort de nous entêter et que l'on allait voir ce qu'on allait voir.

Encore un dialogue de sourd de 4 heures ou la seule question de S 33 était de connaître quel était notre projet pédagogique et éducatif sur notre projet de radio.

J'ai présenté un projet basé sur des rentrées publicitaires et l'embauche de salariés. Quel sacrilège, deux choses à bannir en 1984 selon les critères de ces messieurs.

Où nous étions à coté de nos « pompes » ou le monde sportif est fou ! Je crois que la 2° me hypothèse est la bonne. Nous devions vivre de subventions et d'assistanat.

Que la loi interdise les collectivités publiques à contribuer à plus du quart des ressources ne les dérangeaient pas .Ils étaient bien plus forts que la loi .....Le seul point positif était qu'un semblant de dialogue reprenait.

A la fin de la réunion Mr JBP nous appris que nous allions avoir une réunion (encore une) le lundi suivant avec les représentants de la ville.

Par un tour de passe passe un accord était trouvé : un comité de gestion allait diriger l'ensemble mais le responsable serait de S 33 mais désigne par BS !!!!

Quel cinéma, trop beau pour tenir un seul instant, et ce qui devait arrivait arriva. Toujours la même personne. Mr Bertrand cassa tout. Nous nous attendions a un médiateur et nous avons eu un bulldozer qui voulait nous écraser. Il prit fait et cause pour S 33 et nous expliqua clairement que si nous n'étions pas contents il ne nous retenait pas dans cette radio et qu'il verrait notre départ avec grand plaisir.

Il s'en suivi bien sûr de vives réactions de notre part et cela tourna comme d'habitude a mon procès. Cela commençait à devenir une obsession chez ces gens là. Je pense que certains devaient rêver de moi la nuit et je les empêchais de dormir.

Pour tenter de sortir de l'ornière j'ai souhaité un rendez vous avec Mr le Maire. Il m'a été accordé puis gentiment refusé sur ordre supérieur.

Il nous ne restait plus que les tribunaux. Après conseil auprès de mon avocat, nous avons envoyé une sommation interpellative. Terme barbare qui signifie tout simplement l'envoi d'un huissier pour avoir des réponses à des questions posées. Sommation fut faite, et sans grand résultat car Mr le président de S 33 expliquait que les réponses dépendaient de son conseil d'administration. Rien n'indiquait que nous avions décidé de nous rendre au studio le samedi suivant pour reprendre notre matériel.

La porte était fermée avec changement des serrures mais mystérieusement Mr Bertrand arriva pour nous signifier nos torts. Après deux heures de discussion il en sortit une promesse de réunion sous quinzaine (encore) présidée par Mr le Maire.

Pendant ce temps la nous avions bougé. Mon amie Nathalie faisait ses études de journalisme à Paris et avait eu l'occasion de rencontrer la Présidente de la Haute Autorité.

Mme la Présidente préconisait un partage de fréquence et souhaitait un courrier lui rappelant l'historique. Courrier fut donc fait et remis en main propre.

Pour tenir informé les animateurs restés fidèles j'ai organisé un repas ou la convivialité tranchait avec les rudes batailles que je menais depuis quelques temps.

Pour continuer à faire valoir nos droits, nous avons intenté un référé auprès du tribunal de Grande Instance de Bordeaux. Nous demandions toujours la même chose ; un partage de fréquence et la récupération de notre matériel.

Le référé fut fixé le 19 Décembre à 14h30. Lors de l'audience la partie adverse ne se présenta pas, mais fit savoir quelle n'était pas en possession de tous les documents lui permettant d'assurer sereinement sa défense et demanda un report d'une semaine. Comme nous n'avions pas d'avocat et que celui-ci c'était moi, j'ai bataillé ferme auprès du président du tribunal pour éviter de perdre encore du temps. A moitie convaincu il reporta de deux jours au vendredi.

Cela se passa dans son bureau en présence de JBP un membre important du monde sportif, leur avocat, mon fidèle Jean Claude, Pierre et moi-même.

Après avoir exposé longuement ma défense, le président du tribunal donna la parole à la défense. L'avocat de ces messieurs fut bref et peu explicite. Manifestement elle (car c'était une femme) connaissait très mal son dossier. Suite à nos exposés nous avons eu l'impression que le président du tribunal allait prendre fait et cause pour nous. JBP, malin, le sentit très bien et pris la parole à la place de son avocate.

Apres deux heures de dispute, le président rendit son attendu. Il ne prenait pas position et attendait l'avis de la Haute Autorité sur le sujet.

Fort de ce mini succès et fort du rendu du jugement, en possession de l'ordonnance nous nous sommes rendus à la réunion programmée par la mairie le samedi matin.

Tout le gratin sportif de la Gironde était la : Président du comité régional et départemental olympique, représentant du ministère de la jeunesse et des sports, l'association Aquitaine Sport pour tous, Mr le Maire et son adjoint Mr Bertrand.

Au milieu de tout cela, Jean Claude, Michelle, Nathalie et moi-même nous nous sentions un peu écrasés mais c'était le but recherché : montrer leurs muscles.

Une fois de plus je me heurtais à tous ces messieurs. Mon exposé ne servait à rien car la condamnation était déjà programmée. Tous étaient contre nous et ils n'avaient qu'un seul but, nous écraser.

Le Maire conclu en souhaitant un arrangement avant le 31 Décembre faute de quoi il fermerait les locaux.

Devant récupérer notre matériel (disques ...), j'avais fait préciser sur l'ordonnance de référé la récupération de nos biens (des milliers de disques pour l'essentiel) le samedi après midi. Alors que la réunion se terminait, Mr JBP ne voulait pas rendre nos biens malgré l'injonction du juge en notre possession. Obligation de les menacer de faire intervenir les forces de l'ordre. Médiation du Maire qui fit comprendre à ces messieurs qu'il venait de perdre une manche et de bien vouloir s'exécuter.

L'après-midi même nous reprenions nos disques (99% de l'ensemble de la discothèque de la radio) plus divers meubles et objet appartenant à BS. Tout ceci se passait devant le garde champêtre de la commune qui tint un procès verbal contradictoire !!

Nous étions le 22 Décembre 1984 .Il était évident q'il ne pouvait pas tenir longtemps avec les quelques disques que nous leur avions laissés. J'ai tenu à être honnête et nous avons seulement pris ceux qui nous appartenaient (ils étaient marqués).

Le résultat ne se fit pas attendre. Le lundi 24 Décembre à 12H Régie 7 Radio fermait l'antenne.

Avant ces divers événements je me dois de dire que j'ai eu les pires menaces par des personnes que je pensais censées. Mon ami le Docteur m'appelait au téléphone à minuit pour me « casser » la gueule, d'autre passaient à mon domicile à n'importe quelle heure du jour ou de la nuit pour me faire ma fête, je trouvais des mannequins transpercé d'aiguilles sur ma voiture …….

Cette fin était triste et maintenant ma tête ne valait pas cher : j'étais toujours membre de 33 et président de BS, et cela les revotait plus que tout.

Leur principal souci était de me faire sauter de leur association, le mien était de faire durer le plaisir le plus longtemps possible afin de faire sauter JBP du comité olympique et de sa présidence de ligue. Une première réunion (enfin encore une) eut lieu dans les locaux de la radio avec comme ordre du jour, ma démission. La deuxième mi-janvier avec toujours le même ordre du jour.

J'arrivai à 21h00 précise et à 21h05 j'étais démissionné sans aucun respect des statuts et sans motifs précis en temps que secrétaire de l'association, car il fallait un motif grave (dixit les statuts). J'étais viré et ils n'avaient rien à me reprocher dans ma fonction.

Je n'ai jamais reçu le PV de cette réunion, pas de modification à la préfecture, peut être suis-je encore membre de l'association S 33.

Une page se tournait et il fallait avancer.

## Quatrième partie

## Radio locale privée

Depuis un certain temps je menais en parallèle des négociations avec plusieurs personnes souhaitant travailler avec nous. Soit ils voulaient nous racheter, soit d'autres voulaient se servir de nous. Début Février j'ai par hasard rencontré un célèbre bijoutier bordelais et l'idée de travailler ensemble avançait.

Deux semaines après notre première rencontre un projet tenait la route. Il englobait mon bijoutier, un homme d'affaire bien connu du monde sportif.

Restait l'obstacle JBP et compagnie. Pour le détourner j'ai dû démissionner de BS tout en modifiant les statuts de BS je conservais diverses démissions en blanc. Nous faisions donc une nouvelle association où je n'apparaissais pas officiellement. Jean Claude en devenait président et elle comprenait 7 membres de BS et 7 membres de nos partenaires avec comme obligation statutaire que le bureau comprendrait toujours les membres historique de BS. Apres un mois d'interminables négociations rien de concret n'avait abouti.

Devant cette situation, j'étais mandaté par le bureau de BS pour un ultimatum de 8 jours : ou cela se concrétisait ou nous nous retirions.

La semaine suivante ne nous a rien amené et nous décidons d'émettre par nous même.

Aux dernières nouvelles S 33 aurait vendu son matériel à nos ex associés.

Pour nous cette décision d'émettre signifiait, où, quand et comment ?

Un autre de mes compagnons d'infortune proposa de faire un prêt financier à l'association BS avec reconnaissance de dette.

Avec la somme avancée nous avons acheté un magnétophone a multi cassettes permettant l'écoute jusqu'à 15h de musique ininterrompue. Il manquait toujours le lieu d'émission. Toujours ce même ami proposa son domicile,et comme nous souhaitions conserver l'émetteur et surtout son lieu géographique, une demande de ligne téléphonique spécialisée fut faite. Les PTT demandaient un mois de délai que je mis a profit pour faire enregistrer 45h de musique pour pouvoir avoir un choix varié et non répétitif.

 Deux jours avant l'heure H j'appris par mon KGB que le propriétaire du site voulait descendre l'antenne car S33 n'avait pas honoré son contrat et lui devait une importante somme d'argent. Il devait descendre l'antenne sous 15 jours.

 Toujours par le biais de connaissance, la dite société se montrait bienveillante à notre égard suite à une entrevue tri partite.

 BS reprenait ses émissions le 26 Avril 1985 depuis le domicile de mon ami avec une antenne sur les hauteurs de Bordeaux .Cela fut de courte durée, car des gens bien intentionnés ont récupéré l'émetteur (qui appartenait à BS), nous empêchant de faire de la radio.

 Un souci de plus. Les jours suivant furent un casse tête chinois : plus d'antenne, plus d'émetteur. La radio semblait s'éloigner. C'était sans connaître nos ressources à remuer des montagnes. Avec Jean Claude nous décidions de nous renseigner sur le prix d'une antenne et d'un émetteur. Le fournisseur habituel demandait des délais infinis et des prix prohibitifs. La chance allait nous sourire par la rencontre d'un vieux copain directeur d'un magasin de CB. Il allait retaillait une antenne CB à notre fréquence et nous louait un émetteur pour pas grand-chose et cela fonctionnait.

Deux jours après nous étions sur le toit en train d'installer ce matériel de fortune et le 04 Mai 1985 à 18h25   BS émettait de nouveau avec ses propres moyens (bien faibles!) Avec des moyens de fortune, et en attendant des jours meilleurs nous occupions la fréquence de 98,2MHZ.

Nous étions heureux de cet exploit, et joie de courte durée car l'émetteur donnait des signes de faiblesse de par sa qualité .Arrêt le 09 pour repartir le 10 avec un autre type de matériel toujours loué par mon copain.

La malchance nous poursuivait car le 15 l'émetteur rendait l'âme car HS. La foudre était passé par la. On a repris le 17.

Pour tout cela il fallait le financer. J'avais la chance d'avoir conservé une équipe de fidèle qui accepta de donner 100F de cotisation et le bureau de l'association  une sur cotisation non négligeable.

Nous étions ainsi présents sur la bande FM. Il fallait une dernière péripétie pour tenter de nous abattre.

Je reçu l'ordre écrit de cesser les émissions sous 24h, ordre commandé par le gendarme des ondes TDF (Télé Diffusion de France).

La raison était simple : nous n'étions pas une radio officiellement reconnue depuis le site ou nous émettions. Seule la deuxième raison était exacte. Une belle lettre d'explications et un accord confidentiel s'installait entre TDF et nous.

C'était la première phase de l'opération sauvetage de BS.

Nous imaginions la tête de ces Messieurs de S 33 et du monde sportif de la Gironde. Mr JBP était pris à son propre piège et cela nous remplissait de joie.

Ces péripéties ont duré quelques semaines, le temps de trouver un local digne d'une radio, avec un toit pour une antenne et tout ce qu'il faut pour redevenir B S.
J'avais la chance d'avoir toute une équipe derrière moi qui au lieu d'être resté avec Régie 7 avait préféré poursuivre une aventure aléatoire pour l'instant.

Les réunions avec cette équipe se faisaient tous les quinze jours et les convocations se faisaient en pyramide. Nous fixions un lieu, souvent le même, le local de la croix rouge à Pessac (une des personnes de équipe en faisait partie), mon fidèle Jean Claude lançait l'opération auprès de 2 a 3 et ainsi de suite. Chaque réunion regroupait entre 30 et 50 personnes. C'était le lieu où j'informais de l'avancement de notre future radio, qui il faut bien l'avouer n'existait que sur la bande FM que par de tout petits moyens et ne pouvait être écoutée que dans un très faible rayon mais nous occupions la fréquence avec la bénédiction de TDF (Télé Diffusion de France).

Le principal sujet à régler était de trouver un local et là, l'équipe a fait très fort en proposant des lieux divers et variés, parfois intéressants voire très bien mais là ou le bat blessait le plus c'était le prix.

Un des fidèles animateurs amena un jour la solution .Il connaissait un responsable de bar-restaurant avec quelques chambres désaffectées au premier étage du bar.

Les conditions financières étaient simples : loyer minimum de quelques francs, on remettait en état les chambres et à notre départ, cadeaux, sans compter les nombreux repas pris dans l'établissement.

Il y avait 6 chambres et nous en disposions de 5 car une était à disposition d'un ami du propriétaire du bar. La plus petite fut aménagée pour mon bureau, celle d'à côte par le secrétariat, la plus grande pour la discothèque et la moyenne pour le studio. Tout cela avait un davantage : nous avions une entrée indépendante du reste du bar.

Je vais dire que le quartier (en banlieue); n'était pas reluisant, mais l'offre du propriétaire était sincère et rare. Je l'en remercie encore car sans lui l'aventure se serait arrêté la.

Avec de l'argent avancé par moi même, Jean Claude et un autre les travaux allaient bon train car certains aidaient même la nuit. Inutile de dire que les locaux étaient prêts en 15 jours. Pour le matériel, l'antenne et un nouvel émetteur était loué a mon génial ami bidouilleur des ondes. Pour la console et toute la régie chacun faisait un prêt temporaire : une console de mixage, des platines, des magnétophones à cassettes etc......

Toute cette partie technique était sous la responsabilité de Jean Claude. Je me souviens de l'installation de l'antenne sur le toit. Un moment fort car personne ne voulait prendre le risque de monter sur le toit et personne ne savait trop bien comment il fallait faire.

Avec deux ou 3 téméraires j'y suis monté et sous les directives de l'installateur nous avons haubané (tendre des câbles pour maintenir l'antenne droite), fixé, vissé etc...
Tout était fin prêt et symboliquement nous avons émis le 01 Juillet 1985. Bordeaux Star revivait et c'était l'essentiel : les moyens manquaient mais la foi allait renverser les montagnes, la foi, et les dons. Chaque animateur devenait membre de l'association New BS et devait une cotisation mensuelle sauf que Jean Cl aude et moi, versions disons, une cotisation plus élevée. L'été a permis de recruter de nouveaux bénévoles et d'avoir une véritable grille à la rentrée de Septembre.

Il restait l'essentiel à faire : survivre et se développer.

Pour la première quelques publicitaires sont venus nous donner un coût de main amical en versant une obole contre des messages publicitaires fabriqués la nuit hors antenne. Pour le deuxième c'était difficile car notre émetteur faisait ce qu'il pouvait mais n'émettait pas sur le tout Bordeaux et comme chacun le sait pour écouter une radio il faut l'entendre (CQFD!) mais tout était cher en la matière.

TDF allait indirectement nous amener vers notre objectif. Le Directeur nous indiquait que notre station « polluait » les ondes de par la mauvaise qualité de notre matériel et qu'il fallait ou le changer ou passer par leur émetteur, et problème de taille : le coût.
Apres plusieurs réunions amicales une proposition financière acceptable nous a été faite. Après l'accord du Conseil d'Administration de BS, j'ai signé une émission par TDF avec un faisceau hertzien entre notre local et l'antenne de TDF.
Elle était positionnée sur un point haut de la zone bordelaise et permettait d'être reçue par les 2/3 de la Gironde.
Les mêmes ont mis la main a la poche : Jean Claude, moi même et des amis sponsors.
L'équilibre et la survie de la radio dépendait de notre capacité à faire entrer de la publicité et surtout d'avoir des auditeurs.

Il fallait trouver des partenaires et deux particulièrement nous ont aidés.

Un gratuit d'annonce mettait sur plusieurs pages notre nom et notre fréquence (98.2MHZ) en contrepartie de spots sur leurs journaux.

Le deuxième est sans conteste celui qui a le plus compté pour BS : mon ami Claude directeur d'une des deux plus grosses discothèques de Bordeaux. Je recommençais avec lui, d'abord à très petite échelle des échanges du style annonce de ses soirées contre place d'entrées gratuites à offrir à l'antenne.

L'équipe était repartie ainsi : j'assumais la direction de la station, Jean Claude était mon adjoint et responsable de la technique et un autre membre de l'équipe l'aidait. J'avais surtout le rôle de commercial et devait faire marcher mon réseau pour y arriver.

A force d'acharnement et de travail (tout en continuant le mien car la radio me coûtait ...), j'ai reçu un jour un appel téléphonique émanant d'un grand réseau basé à l'époque à Lyon (Nostalgie). Il cherchait sur bordeaux un partenariat disait-il et sur cette base nous avons travaillé......mais en réalité la seule chose qu'il souhaitait était de pouvoir exploiter notre fréquence. Ils m'ont personnellement fait des offres financières intéressantes que je n'ai pas acceptées car j'avais une équipe à qui je devais une fière chandelle d'y être arrivé, et modestement arrivé là, il n'était pas question de trahir.

J'ai expliqué cette position en réunion générale, qui avait lieu une fois par mois .Le restaurant fermait pour nous un soir de semaine et la salle était a nous.

Cela nous a quand même fait plaisir de voir que ce réseau et d'autres moins important n'existant plus aujourd'hui s'intéressaient à nous, peut être pour nous manger, mais on voulait rester une radio libre.

Cela me rappelait que le groupe NRJ avait contacté BS à ses débuts et l'affaire n'avait pu se faire pour une question banale de rendez vous raté ....et je regrette, mais NRJ reviendrai indirectement dans mon aventure radio.

L'appétit venant en mangeant, les éternels problèmes de starisation commençaient et quelles ne furent pas mes difficultés à remettre certains animateurs « vedettes » en place et même en remercier certains.

Avec difficultés et peine, j'arrivais à faire vivre cette station et surtout ne pas avoir de dettes. Parfois les mois étaient difficiles mais tout le monde comprenait que les cotisations pouvaient être augmentées de quelques dizaines de francs mais il fallait continuer à avancer.

Au cours d'une soirée dans la discothèque de mon ami Claude (il a eu des déboires et lui aussi il a été lâché par beaucoup), il me présenta le Conseiller Général du canton. A la fin de la soirée il était acquis, à notre cause, comme tout politique devant les médias et me promis un rendez vous avec le maire de Pessac (que je connaissais par ailleurs)

Apres bien des réunions avec la dite mairie un accord simple intervenait : la mairie prenait a charge le paiement de TDF (plus cher car il aurait une augmentation de puissance émission) et surtout la mairie mettait à disposition un magnifique local de 250 mètres carrés qu'elle aménagerait selon nos demandes (raisonnables).Et la contre partie : le maire me proposait un journaliste de ses amis qu'il payait pour annoncer les manifestations de la commune (60 000 habitants). Tout était acté et écrit et surtout le journaliste dépendait de moi et sous mon contrôle pour l'information générale et les autres. J'avais la possibilité d'interdire toutes informations marquées politiquement à gauche ou a droite et je veillais à ce que les informations culturelles ou sportives des communes de l'agglomération bordelaises soient aussi annoncées.

Je me dois d'être honnête car le dit maire avait un faible pour une de mes animatrices et cela a bien aidé à conclure nos accords.

D'ailleurs très anecdotiquement ceux qui m'avaient invectivés dans l'aventure Régie 7 venaient les uns après les autres m'expliquer qu'ils avaient été manipulés et que j'étais aujourd'hui le plus beau et me demandaient de passer leurs manifestations sportives. Quelle revanche de les voir tous, je dis bien tous, les uns après les autres cracher dans la soupe et me suppliant de les croire.

Erreur sauf un Mr JBP qui lui n'est jamais venu et un autre, mon copain le médecin qui lui était déjà revenu vers moi quelques semaines après la fin des hostilités de Régie 7 et m'ayant même aidé par ici et par la, lui et son épouse (merci Madame).

Apres signatures des différents accords il restait au maire à les faire passer en conseil municipal.

Bien sur l'opposition a tiré à boulets rouges, les médias ont relaté largement cela dans leur colonne en faisant passer la radio comme étant celle de la municipalité.

Je m'en défends encore et j'affirme ne jamais avoir eu d'intervention du maire ou quelqu'un de son équipe pour avoir des avantages.

Courant Juin 1986 tout partait de nos nouveaux studios et nous avions une radio qui en était une :

-un bureau pour la direction, un bureau pour l'accueil, un pour les commerciaux, une salle pour la discothèque, un studio de 30 mètres carrés et une régie digne.

Pour cette dernière il avait fallu investir : de la console aux platines, des magnétophones aux micros tout était flambant neuf et de la dernière technologie.

Nous avions acheté tout cela par surcotisations et par fonds propres après de dures négociations avec notre fournisseur.

Coté organigramme j'avais mis en place des responsabilités qui fonctionnaient plutôt bien. J'avais pris la direction de la radio, Jean Claude était mon adjoint veillant sur la technique, Bernard (un retraité passionné) s'occupait des maisons de disque, il y avait un directeur d'antenne pour la semaine, un pour le week-end, et un responsable discothèque qui se trouvait être le DJ de la discothèque à Claude. Très rapidement j'ai engagé un directeur commercial et des commerciaux pour subvenir aux besoins de la radio.

Cette structure fonctionnait car le succès arrivait doucement. Il arrivait je pense aujourd'hui, en dehors du travail de tous, surtout du travail de Bernard avec les maisons de disques. Une radio comme son nom l'indique passe de la musique et de l'information.

L'option musique était simple : le créneau 18/50 ans

Pour cela il fallait des disques et cela coûte cher. Par le système de play liste, c'est à dire que chaque animateur remplissait un document sur lequel il inscrivait le chanteur ou groupe avec le titre du morceau diffusé. Cela permettait ainsi à Bernard de répondre aux maisons de disques sur la demande auditeur.

Progressivement l'ensemble des labels, petites et grosses sociétés nous ont fait confiance. Nous recevions jusqu'à 100 voir 150 disques par semaine et bien sur les derniers tubes en avant première. Le rôle de Bernard et du responsable discothèque était d'en sortir des titres diffusables car il fait bien l'avouer seulement 10% pouvait l'être.

Petit à petit la relation s'est établie entre les labels et les majors et m'a permis de faire des

« coups ». Dés qu'un artiste se produisait à Bordeaux il venait naturellement dans notre studio pour interview : des plus prestigieux, au plus en devenir .....
Cette façon de travailler permettait à moindre coût (courrier uniquement) de pouvoir avoir l'ensemble de la production discographique sortant en France et même parfois des titres non distribués dans l'hexagone.

Tout ces disques devaient être répertories et classés pour pouvoir être facilement utilisables. Un accord publicitaire nous a permis de tout mettre sous informatique et un programme simple nous permettait de pouvoir entrer par le nom d'un artiste ou par un titre.

Cette méthode nous permettait de répondre rapidement aux auditeurs pour une émission leur étant entièrement dédiée puisqu'ils composaient l'émission avec leurs dédicaces.

Au fil des mois la petite radio grossissait et devenait une entreprise avec ses salaries directs et indirects (aide de l'état) et surtout ses bénévoles, cela faisait en tout une centaine de personnes.

J'ai dû m'entourer de spécialistes : comptable, juriste, avocat ...

Bien m'en a pris car j'ai bien sûr eu droit a un contrôle par plusieurs organismes d' état qui n'avaient rien d'autre à faire que de venir embêter ma « petite entreprise ». Je me souviens que cela a duré 6 mois où tous les mercredis ou jeudis après midi, je passais deux heures avec un de ces organismes et avec l'aide du comptable nous avons répondu au mieux à leurs questions aussi débiles que simplistes : qu'avais-je fait avec ces 15 francs, ou sont passés ces 10 francs etc.....eh oui ces messieurs avaient du temps à perdre. Je ne connais pas réellement la fin, car un beau jour le comptable me demanda de le laisser en tête à tête avec un des contrôleurs, puis au bout d'une bonne heure on est venu m'annoncer que tout était clair et net dans la comptabilité. Pourquoi, comment, mon cher comptable ne m'a jamais avoué sa méthode, mais un grand merci.

Nous avions un juriste conseil qui nous a bien aidés sur une affaire de plagiat. Un de mes animateurs était venu avec armes et bagages d'une radio concurrente : avec le titre de l'émission, le même principe de soirée pour danser qu'il avait dans cette radio, et comme le directeur concurrent ne faisait pas partie de mes amis cela s'est mal fini. Il nous a attaqué pour plagiat avec huissier pour écouter les émissions pour comparaison et tout le reste .Cela s'est termine par une fâcherie et surtout un « non lieu » car rien n'était prouvé si ce n'était que l'émission marchait très fort.

Nous étions une entreprise avec tous ses rouages. J'avais fort à faire avec les animateurs qui se prenaient pour des stars. Certains ont d'ailleurs été remerciés pour cela en croyant trouvé mieux ailleurs. Pas un n'a trouvé mieux sur l'instant et tous ont essayé de revenir, mais je n'en ai jamais repris un car mon autorité en aurait pris un coup.

Pendant ce temps là nous pensions à l'avenir en occupant très librement une fréquence sur laquelle ne passait que de la chanson française en boucle. Il fallait prévoir, mais cette idée ne nous mena pas à grand-chose.

La radio avait tant de succès qu'un beau jour plusieurs auditeurs avaient, avec insistance (car je ne recevais pas les auditeurs) obtenus un rendez vous pour me demander l'autorisation de créer une association des amis de la radio.

J'ai donc donne ma bénédiction car cela ne pouvait qu'étendre notre notoriété et nous faire davantage connaître. J'avais mis une condition : leur association ne s'immiscerait jamais dans les affaires de la radio.

Bien m'en a pris car ou bout de plusieurs mois, ils voulaient une place au conseil d'administration, ils voulaient modifier telle ou telle émission. J'ai dû a maintes reprises remettre les pendules à l'heure jusqu'au jour ou ils auraient bien aimé se substituer à la direction de la radio. La ce fut de trop et j'enlevais ma caution de cette association. Ils étaient très sympathiques mais j'avais donné le doigt et ils voulaient me prendre le bras puis le corps.

Il y avait aussi un disco mobile qui m'avait demandé de porter notre nom et en échange de publicité à l'antenne il nous en faisait sur leur lieu de passage et surtout nous faisait des soirées gratuites, ce qui faisait rentrer quelque chiffre d'affaire.

Tous les artistes passant sur Bordeaux venaient dans nos studios, du numéro un au Top 50 à l'artiste confirmé. Cela qui représentait deux à trois artistes par semaine. Soit nous étions soutien radio ou pas, mais ils venaient tous.

Cette « notoriété » permettait à toute l'équipe de la radio d'entrer gratuitement dans la plupart des discothèques de Bordeaux sur présentation de leur carte d'animateur soigneusement signée par mon adjoint et moi-même. Toutes voulaient passer avec nous. Nous travaillions, pour les passages d'artistes, avec la plus grosse, celle de mon ami Claude : Le Pacha Club.

Soit il avait un artiste et nous venions en soutien radio avec émission de cartes d'invitations (entre 5 et 10 000), soit nous amenions l'artiste. En effet les maisons de disques me proposaient leurs artistes en promotion, je payais le cachet (à un prix d'ami), j'offrais le repas et la chambre par des accords avec un restaurateur et un hôtel. Tout le monde s'y retrouvait, l'artiste, la radio, la discothèque et les autres intervenants.

La discothèque faisait distribuer dans toute la ville et les alentours, des cartons d'invitation et j'étais rémunéré 50% du prix inscrit sur l'invitation, ce qui équilibrait les frais. S'ils étaient positifs on partageait quand même avec Claude, car s'ils étaient négatifs mon ami Claude équilibrait. Cela faisait sa notoriété et lui amenait du monde car les soirées avaient lieu le vendredi soir et quand on faisait venir 1000 à 1500 personnes il gagnait largement sa vie sur le bar et les à côtés.

C'était l'époque du Top 50 et j'avoue avec plaisir que nous avons fait, à partir du moment où nous avons été à l'apogée, tous les artistes leaders de ce pseudo classement des ventes. Il m'arrivait de demander à mon responsable des maisons de disques de vouloir tel ou tel artiste .Il amorçait la pompe et je terminais les négociations. Si la maison de disque refusait, son artiste était comme on dit « triquard » sur nos antennes, et cela était fort gênant de ne pas être diffusé sur une radio leader sur une ville comme Bordeaux.

Nous avons fait les plus grands, comme les météorites n'ayant fait qu'un seul titre dans leur carrière. Je me souviens des débuts de Felix Gray avec son titre « La Gitane » qui n'était qu'une face B d'un 45 tour et grâce aux radios locales fit le succès que l'on sait.

Pour illustrer le positionnement de la radio auprès des maisons de disques je me souviens d'une fête anniversaire de la radio qui devait se faire avec P Bruel. J'avais bien sur fait cela au Pacha Club et en plus des passages radio (dont un message de Bruel), des cartes d'invitation, j'avais loué une banderole tirée par un avion au dessus de Bordeaux. La promotion pour cette soirée était intense et je devais être stricte sur les entrées VIP ou je n'étais que le seul à pouvoir en délivrer.

Tout se présentait pour le mieux et les accords avec sa maison de disques, avec son imprésario avec ....étaient respectés et pour certains litigieux mais bon c'est le show bizz.

Le spectacle devait avoir lieu un vendredi soir et je me souviendrai toujours de l'appel téléphonique de sa maison de disque le jeudi dans l'après midi m'annonçant que Mr Bruel ne viendrait pas car il était souffrant. Fallait pas me la faire et après maintes palabres Patrickkkkkkk était appelé pour faire ses excuses en direct à l'antenne ou il expliquait sa non venue à cause d'une fièvre grippale. Nous avons bien sûr passé en boucle son message en annonçant qu'un autre artiste de renom le remplacera. Comme le monde était petit, nous avons appris que le même soir il a été vu dans une grande discothèque parisienne .....

J'ai eu Laurent Voulzy au temps de ses premiers succès .La soirée fut magnifique avec plus de 3000 entrées et les auditeurs avaient compris notre impossibilité et Mr Bruel aussi. Il devint « triquard » au grand malheur de sa maison de disque, qui pour pouvoir avoir de nouveau droit au passage de leur poulain (qui rappelons le était au début de sa carrière) a du me faire venir plusieurs artistes gratuitement et m'offrir de nombreux cadeaux à faire gagner .Cela dura trois mois mais cela n'empêcha pas Mr Bruel de faire la carrière que l'on sait.

Une autre soirée fut mémorable avec H Leonard. Toutes ces jeunes filles étaient pâmées sous son charme « pour le plaisir » et moi d'assumer les caprices de l'artiste (non avouables pour certaines !).....

Pour animer l'antenne il fallait des cadeaux : des disques a profusion fournis par les mêmes maisons de disques et des jeux cadeaux avec des sociétés diverses et variées .Le plus venait des places de cinéma que nous avions. J'avais des accords avec toutes les salles de la région et pour certains j'émettais moi-même les places.

Ceci nous amenait à faire de nombreuses avant-premières avec la présence des artistes sur place et dans nos studios. Je voyais tout ce qui sortait et c'était plaisant.

Le fin du fin était une avant première privée dans une salle de 10 siéges (fauteuils) avec champagne, petits fours et tout le reste. Ce must était réservé à nos clients et « amis chers ». Cela permettait souvent le décrochage de marché et faisait avancer les affaires. Je me souviens avoir fait deux soirées sur le film « Cyrano de Bergerac » avec Depardieu et cela avait permis d'inviter les plus hautes personnalités de la ville et du département.

Durant cette période faste j'ai eu à souffrir de la maladie fatale d'une de mes filles. Apres deux ans de traitement ma pauvre Laurie décéda d'une leucémie. Dur à avaler car je ne m'en suis jamais remis.

Le show must go on, certes mais pas pour moi.

Durant cette période difficile, mon ami Jean Claude assura l'intérim courant, et, grâce à son soutien et à celui de quelques amis, la vie était tout aussi dure mais peut être moins.

Mon épouse était aussi fragilisée par ce terrible passage de la vie et notre soutien mutuel nous permis de passer le gué d'une aussi rude épreuve.

Vu tout ce que j'avais à gérer, j'ai laissé les rennes de ma chère radio plus de deux mois à Jean Claude et je voudrais qu'il en soit remercié.

Petit à petit j'ai repris ma fonction et le quotidien repris le dessus, du moins en surface.

Durant cette période douloureuse j'avais longuement été présent dans un hôpital spécialisé pour les enfants et le professeur s'occupant de ma fille m'exposait les difficultés qu'il avait à gérer son service sur le plan matériel.

Pour une simple seringue électrique le coût était prohibitif et le budget alloué par sa direction ne lui permettait guère d'en acheter une par an. Pour soigner nos enfants quelle honte.

Après la disparition de ma pauvre fille, j'ai proposé a ce professeur une aide .Il avait une association qui pouvait récolter des fonds et ainsi faire des achats complémentaires.

Toute la radio fut mobilisée sur l'idée simple : faire de l'agent pour cette association.

Dans ma vie j'ai côtoyé des personnes très respectables appartenant au Lion's Club et en particulier Mr Francis Martin et je voudrais ici le remercier pour toute son énergie et pour toute son aide.

Avec cet organisme et ma radio nous avons créé l'événement.
- annonce sur les antennes.
- collecte sur le stand du Lion's Club à la foire de Bordeaux.
- aide du club des Girondins de Bordeaux FC par un surcoût sur chaque billet de Bordeaux /OM. La je me dois de dire que Mr C Bez fut un homme de cœur (contrairement à la réputation) car il n'y a eu aucune hésitation de sa part pour sa participation à l'opération.
- spectacle organisé par la radio.

Sur le spectacle toutes les maisons de disques furent mises à contribution. Nous avions un plateau assez fabuleux puisque sur les 10 premiers artistes classés au TOP 50 il y en avait 9 de présents.

Avec quelques artistes locaux le plateau avait fière allure et la salle de 2500 places fut vite pleine.

Les artistes faisait cadeaux de leur cachet, la maison de disque prenait en charge le billet d'avion ou autres moyen de transport, et nous sur place on assurait le gîte et le couvert. Mon ami Claude de la discothèque faisait lui aussi plusieurs soirées sur lesquelles il prélevait une dîme qu'il remit au pot final.

Que soit remercié toute l'équipe du Lion's Club de Pessac, les artistes, les maisons de disques qui participèrent mais honte a de grands artistes ayant refuse de « s'abaisser à de telle opération » (dixit).

Je n'en citerai qu'un : Mr Sardou Michel qui nous fit répondre qu'il en avait rien a fou...des enfants malades et qu'il avait autre chose à faire....

Quelle fierté de remettre à l'association dirigée par le professeur, un cheque de 30 millions de centimes pour. acheter du matériel pour les enfants.

# Cinquième partie

# Radio privée

Le succès continuant il fallait se développer. Le hasard me mit sur le chemin d'une radio leader à l'époque à Marseille : Radio Star (qui existe encore). Notre nom et ce dernier était proche.

Après une visite à Plan de Cuques et après la réception des deux dirigeants, nous avons convenus que nous serions la tête de pont pour l'Aquitaine élargie d'un futur réseau à ce nom là.

Cela nous permis d'avoir des jingles personnalisés, des interviews d'artistes, et des artistes ventant le plaisir d'être à l'écoute de Radio Star la radio qu'il fallait écouter.

L'extension du réseau se heurtait à une grosse difficulté : avoir le même programme. Pour cela il fallait monter sur le satellite comme le faisait NRJ et d'autres réseaux en pleine expansion. Le seul hic était que nos amis marseillais n'avaient pas l'argent pour un tel investissement et que la solution qu'ils proposaient (lignes téléphoniques) n'était pas viable.

Cela ne permit pas l'extension escomptée, mais cela nous aida, car elle marchait très fort à Marseille.

D'autre Radio Star se montèrent dans le Sud et toutes étaient indépendantes, cela amenait bien une image, mais pas de cohésion réseau.

J'avais dans notre région plusieurs accords pour passer sous ce label, mais le problème technique du satellite retarda puis annula toute extension, dommage.

Ce fut un excellent moment que d'être sous ce nom là et le développement se poursuivit : soirées avec tous les artistes du moment, cinéma, sport, etc....

Nous avons été la première radio à retransmettre en direct et en intégralité un match des Girondins de Bordeaux FC : Marseille contre Bordeaux en direct du stade Vélodrome.

Une soirée mémorable et célèbre car nous étions la seule et c'était la première. Quel succès et quelles audiences.

A partir d'un tel succès il fallait encore innover et investir : course à la puissance sur l'émetteur, engager des animateurs, produire des spectacles, bref être une entreprise de spectacle multi taches.

Pour cela il fallait beaucoup d'argent et mon service commercial ne suivait plus.

Nous avons passé un accord commercial avec une agence publicitaire qui devait nous amené des contrats nationaux en terme de publicité et cela devait générer du chiffre d'affaire permettant notre extension.

C'est vrai que les débuts étaient prometteurs mais cela retomba aussi vite que cela avait commencé.

Il fallait trouver une solution et l'agence me proposa un rendez vous hallucinant à Montpellier.

Une radio des Etats Unis voulait s'installer en France et avait déjà un pied à Montpellier avec la bénédiction du Maire de la ville .Le rendez vous a eu lieu dans la station (qui avait aussi d'autres fréquences) et quel choc de voir arriver le premier magistrat de la ville avec sa stature imposante et son franc parler. Il venait surveiller si les négociations se passaient bien !!!

Pour faire bon poids j'ai bien entendu dit que cela avançait et il me répondit que je serais le bienvenu dans sa mairie quand je le voulais !!!!

Fidèle à sa réputation, j'avais entendu parler de lui, mais la, j'avoue que c'était un personnage hors du commun et qui depuis a fait ses preuves.

De retour à Bordeaux, ma réponse était claire et net : non

En effet il ne voulait qu'acheter la fréquence et pour le volet social et le reste c'était le dernier de leur souci.

Nous sommes donc repartis à zéro. Je faisais savoir par le tam tam dans le milieu que nous étions favorables à un rapprochement ou toutes propositions seraient étudiées.

Toutes sortes de propositions arrivèrent et j'en ai reçu du monde : des farfelues, des idéalistes, des incompétents bref tout ce que le monde media connaissait venait à moi.

J'avais retenu deux propositions : un copain de longue date qui arrivait avec un projet de radio locale dans la continuité de ce que nous faisions et deux hommes d'affaire pour mettre *Skyrock* à Bordeaux.

Le premier n'a jamais voulu me dire qui il représentait car son projet ambitieux était onéreux et demandait des investissements.

Les hommes d'affaires n'ont jamais caché leur projet.

Cela se termina presque par un pile ou face. J'avais un projet dans un bureau, l'autre dans un autre et c'était le premier qui ferait un chèque qui l'emporterai ...et ce fut Skyrock.

Les deux propositions avaient des avantages et des inconvénients. La première laissait en place une partie des animateurs et l'autre nous faisait basculer dans un réseau aux mains du Groupe Filipacchi (à l'époque)

Avec Jean Claude nous avons longuement réfléchi sans trouver à prendre une décision. La première nous laissait dans la cour des radios locales avec tout ce que nous avions connu et la deuxième nous faisait rentrer dans la cour des grands.

La solution du premier chèque fut adoptée et il ne restait plus qu'à expliquer à toute mon équipe notre choix douloureux pour nous, mais nous étions un peu au bout du rouleau et surtout nous en avions assez de combler les déficits.

La réunion ou j'annonçais la nouvelle et la suite fut houleuse et beaucoup voulaient ma peau car ils ne comprenaient pas, mais se taisaient vite dés que je parlais finance. Avec l'argent des autres tout était facile mais aucun n'avait la solution pour combler le passif (faible) et personne ne voulait assurer la direction d'une telle usine à gaz.

J'ai proposé à ceux qui voulaient continuer à faire de la radio comme ils en avaient l'envie, je leur trouverai une place d'animateur dans une autre radio (ce que j'ai fait) et nous avons gardé un minimum d'animateurs ou du moins de passeurs de publicités mais salariés.

Notre regret fut de ne pas savoir que mon copain représenté les Girondins de Bordeaux FC qui voulaient avoir leur radio. Il venait pour montait une radio dénomme WIT FM qui existe aujourd'hui mais appartient à un groupe.

Les deux hommes d'affaires montèrent une société qui a passé un accord de location de fréquence à notre association avec rétribution mensuelle et pourcentage sur le chiffre d'affaire.

Le gérant de la dite société a toujours confondu location et propriété. Cela amena assez vite à un clash car il nous mettait hors de notre radio et surtout voulait s'approprier la fréquence. Cela a commencé en nous empêchant l'accès au studio, puis par la vente de toute la discothèque et cela s'appelle du vol car tout nous appartenait.

Plainte et tout le reste mais cela ne faisait pas avancer nos affaires.

Décision prise de reprendre notre bien par une action « commando ». Après plusieurs jours de surveillance des allées et venus de la station nous nous sommes retrouvés un matin à 06 h devant le studio en tombant sur l'animateur commençant sa journée. Changement de serrures et le tour était joué. Prise d'antenne par une bande musicale pré-enregistrée et nous revoilà sur NOTRE fréquence.

Le gérant nous envoya la force publique pour nous déloger et pensant nous faire peur mais pas de chance pour lui les studios étaient loués a notre association et que pouvait -t-on nous dire ?

Ce moment fut épique. Derrière la porte deux gendarmes et les deux associés pour tenter de rentrer. Après des heures de palabre via le téléphone nous avions donné notre accord pour faire entrer un gendarme et c'est tout. Après explications à ce sympathique représentant de l'ordre, il fut obligé d'expliquer aux deux fous qu'ils avaient tort. Ils sont devenus blêmes et la guérilla commença.

Les recommandés pleuvaient chez moi, les menaces et tout le reste. Pendant ce temps la, nous nous amusions sur les antennes sous notre ancien nom de radio. Quel plaisir de pouvoir dire que nous étions dans notre bon droit. Apres avoir reconnu que la location était bien faite à notre association ils tentèrent d'obtenir du CSA la fréquence .La réponse fut tout aussi claire, elle nous appartenait.

Ils jetèrent l'éponge. Sur les deux associés il y avait un fou furieux et un homme plus âgé et plus censé qui allait trouver la solution pour s'en sortir eux aussi.

On avait fait une erreur mais il fallait aller jusqu'au bout.

Au siège parisien du réseau, des partenaires proposèrent un montage qui nous convenait et un arrangement avec le fou. Nous montions ensemble une société.

Jean Claude et moi avions des parts et surtout à nous deux nous avions la minorité de blocage et la fréquence était à l'association donc a nous et là aussi nos associés commirent longtemps après la même erreur de croire qu'elle leur appartenait.

Pendant ce temps là des élections municipales avaient renversées le maire de la commune. Je fus très courtoisement prié de quitter les lieux dans un délai ultra court. (le maire est aujourd'hui le premier élu de la région Nouvelle Aquitaine).

    Mon carnet d'adresse me permit de trouver une solution avec une commune voisine. Une maison exposition appartenant par je ne sais mystère à la ville était à l'abandon. La ville pris a sa charge l'extérieur et certains travaux internes et la société fit le reste.

    Le contrat de location était fait avec l'association propriétaire de la fréquence et nos associes ont été obligés d'accepter car l'autre maire nous avait envoyé un courrier pour nous mettre dehors et le nouveau maire ne voulait avoir affaire qu'à moi.

    Skyrock pouvait commencer a réellement exister sur Bordeaux. Nos associés s'occupaient de la partie commerciale et du personnel, et je m'occupais de cette fonction en leur absence et surtout je gérais le développement de la radio sur Bordeaux.

    Ma grande fierté fut d'amener Skyrock à la deuxième place dans les sondages 6 mois après son arrivée sur les antennes bordelaises.

    La méthode reposait sur des accords avec le cœur de cible de la radio : les étudiants. Je prenais des accords avec les associations d'étudiants (médecine, droit, science et...).

J'avais fait pré-imprimer des affiches (40x 60 cm) avec en bas le logo de la radio avec la fréquence.

Je faisais imprimer le thème et le lieu de la soirée des étudiants, ils payaient cette impression et à charge pour eux de faire l'affichage.

En contre partie je leur donnais gratuitement de l'espace publicitaire sur les antennes. Ils devaient bien sur assurer la promotion de la radio au cours de leur soirée et sur certaines nous faire une rétrocession sur les entrées.

Il ne passait pas ainsi une semaine où la ville de Bordeaux et les axes principaux ne furent aux couleurs de Skyrock, et même certaines semaines il y en avait plusieurs.

Je précise que sur le Skyrock de l'époque il y avait .L Petitguillaume, Arthur et d'autres animateurs reconnus aujourd'hui.

C'est avec ces animateurs et notre volonté que le succès était là.

Le PDG de la société ne pouvait pas être la en permanence et la gestion était lourde. Il fut recruté un directeur de la station. Le choix se porta sur un ex directeur de radio de notre principal concurrent.

Les choses se gâtèrent car il ne compris pas que Jean Claude et moi étions associés et que lui il était employé et que nos prérogatives n'étaient pas les mêmes. Il devait plus particulièrement rentabiliser la radio en s'occupant du coté commercial de la chose.

Cela dura plusieurs mois avec des hauts et des bas, jusqu'au jour ou nos associées se mirent eux aussi a confondre société et association qui possédait la radio.

Jean Claude et moi avions fait le tour de la question radio et nous en avions assez de nous battre. Accord fut conclu, non sans mal, pour la « vente de nos parts ».Les sommes touchées ne faisait que nous rembourser de nos années d'avance sur trésorerie.

Nos anciens associés obtenaient une nouvelle fréquence sans nous et partirent sous d'autres cieux en plein centre de Bordeaux.

Mon aventure des radios se termina ainsi, la boucle était bouclée. Jean Claude continua un moment avec une autre radio puis s'arrêta.

J'ai passe dix ans dans ce milieu et cela me permit de rencontrer tout le monde médiatique régional et me permit d'avoir de solides relations qui aujourd'hui, perdurent.

Sur le plan professionnel, je suis dans le monde de la communication et cet épisode m'a servi à nouer de solide relation avec le monde bordelais des médias.

Encore de temps en temps, au gré des mes déplacements locaux on m'interpelle pour me dire qu'on se souvient de moi durant cette époque.

Un beau passage dans ma vie avec de bonnes et de mauvaises choses ………que mon épouse a du supporter tant je me suis investi dans cette aventure.